América sin fronteras

America Sin Fronteras
© 2025
ISBN: 978-1-966337-14-0

Cover art: Áurea María Altamirano Cuaresma
© 2025,

Art © 2025, Áurea María Altamirano Cuaresma

First Edition, 2025

Printed in the United States of America

Daxsonpublishing.com
Los Angeles, Ca
90022

Edited by: Áurea María Altamirano Cuaresma
Layout design: Erica Castro
Cover: Áurea María Altamirano Cuaresma

A todos los inmigrantes, soñadores y narradores que llevan su tierra en el corazón.
A nuestros padres y abuelos, cuyos sacrificios abrieron el camino.
A las voces que se niegan a ser silenciadas y a las generaciones por venir—que estas páginas les recuerden que las fronteras no pueden contener la identidad, el amor ni la esperanza.

To all immigrants, dreamers, and storytellers who carry their homelands in their hearts.
To our parents and grandparents, whose sacrifices paved the way.
To the voices that refuse to be silenced and the generations yet to come—may these pages remind you that borders cannot contain identity, love, or hope.

Author Sections

América Sin Fronteras: Revelando La Experiencia Inmigrante

America Without Borders: Revealing the Immigrant Experience

Agradecimientos

Quiero agradecer a todos los que han apoyado la creación de esta antología latinoamericana, que nació como una respuesta ante la impotencia de la crisis socio- política actual en Estados Unidos. Donde todos los latinos estamos viviendo en un estado de ansiedad y hasta terror, fruto de políticas migratorias extremistas, de separación familiar, y una encubierta tan obvia discriminación y deshumanidad.

Quiero dar gracias especiales a Erica Castro, nuestra editora y una de las escritoras de esta antología también, por confiar en este proyecto que representa nuestro sueño de dar nuestro granito de arena para fortalecer y enaltecer el autoestima de nuestra comunidad Latina, dándole voz a sus experiencias. Y a Marina Cruz, una amiga, colaboradora y compañera de letras. Por apoyarnos en las coordinaciones y logísticas de las ferias y eventos, para promocionar este libro y sus libros hermanos. Y sobre todo, por hacerlo de corazón, logrando ser mi mano derecha. "Dices que estás aprendiendo de mí, pero la verdad es que estamos aprendiendo la una de la otra, y aprendiendo juntas."

Así también, agradecer profundamente a las integrantes de esta antología, por confiarme sus escritos para darles una casa y la correcta plataforma. A Marina Cruz, nuevamente, por fajarse los pantalones y ser la primera escritora en aceptar el reto de participar en este movimiento, y más por arriesgarse a publicar por primera vez. Y a Melba del Carmen Victoria Stetz Flores, por ponerse manos a la obra desde el instante en que fue invitada a participar, a pesar de todas las circunstancias que ella afronta en su vida. A Ximena Soza y a Indira Ríos, por emprender este viaje a pesar de la distancia entre países y de todo lo que implica. A Ximena, por además también compartirnos su hermosa lengua nativa, Mapudungún. A Indira, por contribuir con nosotros con tanto gusto y eficiencia. A Gus-Tavo Adolfo Guerra Vásquez, por abrirse a este grupo desconocido para él, y proveernos con tan honestos escritos y hermoso arte. El internet de veras une a las personas. A Inti García, por superar sus propias barreras, y permitir canalizar su energía a iluminar a otros con su conocimiento profundo de historia y cultura. A Puma Tzoc, también por arriesgarse a publicar por primera vez y compartir su hermosa lengua Maya K'iche con el proyecto y el mundo. A todos ellos, por confiar en mi liderazgo. Aún estoy aprendiendo, pero este tiempo es crucial para nuestra comunidad latina. Hay una necesidad imperativa de luchar en contra de que su voz se apague, reduzca y pisotee, y para eso tenemos nuestras mejores armas, nuestras letras y nuestra voz.

A mi familia nuclear; a mi padre, César, que me mira desde el cielo. "No me pudiste ver en vida esto, pero sé que este sentimiento de justicia llegará a ti. Espero, estés orgulloso de ver que no me quedé sólo cruzada de brazos o cobijando a la desesperación. Aprendí de tu dolor y del mío, y que los ríos de la inacción sólo desembocarán en la depresión. Es mejor siempre hacer algo. Aunque sea poco, aunque sea lento." "A través de esta antología, espero haber representado mis valores con honor y autenticidad. Como siempre me inculcaste, aunque fuera con pocas palabras, plantaste en mí, la semilla del hacer. Y estoy haciendo lo que tanto quisiste hacer y la depresión no te dejo. Soy una extensión de ese sueño tuyo, de luchar por la justicia social y la memoria de nuestra historia. Por convicción, no por repetición. Porque yo comparto ese sueño". También a mi madre, Felipa Cuaresma y mi hermana, Daisy Altamirano, por apoyarme emocionalmente a pesar de la distancia y la diferencia de horarios. Espero estar honrando el linaje de mujeres resilientes del cual vengo, y del cual mi madre es una de las más altas representantes. "Gracias mamá, por tu exigencia y constancia en mi crianza."

También quiero agradecer a mi familia política, los García, que han sido tan amables de darme un espacio para escribir ayudándome con el cuidado de mi hijo. A mi hijo, porque ha tenido que lidiar con mi horario apretado. "Amaru, quizás ahora no entiendas mucho sobre el tiempo, y te haya parecido sólo que mamá estaba un tanto lejos de ti. Amaru, las cosas extraordinarias cuestan. Sé que mi

complejo de culpa de madre no me abandona nunca, haga las cosas
bien o no, pero sé también que tú me das la fuerza para continuar.
Hice esto por ti, y también, por todos los jóvenes y niños latinos.
En ti, ellos se reflejan. Y tú, en ellos. Para que nunca olvides que ser
latino, bilingüe o trilingüe, en Estados Unidos o en la conchinchina, es un superpoder y no una debilidad o delito. Es un regalo, un
orgullo que no debemos, no podemos, no queremos perder. Nuestro
legado va más allá, y vivirá en nosotros por siempre. Sólo debemos
saber valorarlo, cultivarlo, y protegerlo."

Acknowledgments

I would like to thank everyone who has supported the creation of this Latin American anthology *América Sin Fronteras*, which was born as a response to the helplessness of the current socio-political crisis in the United States. Where all Latinos are living in a state of anxiety and even terror, the result of extremist immigration policies, family separation, and such obvious covert discrimination and dehumanization.

I would like to give special thanks to Erica Castro, our editor and one of the writers in this anthology, for believing in this project, which represents our dream of doing our part to strengthen and enhance the self-esteem of our Latino community by giving voice to their experiences. And to Marina Cruz, a friend, collaborator, and fellow writer. For supporting us in the coordination and logistics of fairs and events to promote this book and its sister books. And above all, for doing it wholeheartedly, becoming my right-hand woman. "You say you're learning from me, but the truth is that we're learning from each other, and learning together."

I would also like to express my deepest gratitude to the contributors to this anthology for entrusting me with their writings so that I could give them a home and the right platform. To Marina Cruz, once again, for rolling up her sleeves and being the first writer to accept the challenge of participating in this movement, and even more so for taking the risk of publishing for the first time. And to Melba del Carmen Victoria Stetz Flores, for getting down to work from the moment she was invited to participate, despite all the circumstances she faces in her life. To Ximena Soza and Indira Ríos, for embarking on this journey despite the distance between countries and all that it entails. To Ximena, for also sharing her beautiful native language, Mapudungún, with us. To Indira, for contributing to us with such enthusiasm and efficiency. To GusTavo Adolfo Guerra Vásquez, for opening himself up to this group unknown to him and providing us with such honest writings and beautiful art. The internet truly brings people together. To Inti García, for overcoming his own barriers and allowing his energy to be channeled into enlightening others with his deep knowledge of history and culture. To Puma Tzoc, also for taking the risk of publishing for the first time and sharing his beautiful Maya K'iche language with the project and the world. To all of them, for trusting in my leadership. I am still learning, but this is a crucial time for our Latino community. There is an urgent need to fight against their voices being silenced, diminished, and trampled on, and for that we have our best weapons: our words and our voices.

To my immediate family; to my father, César, who watches over me from heaven. "You couldn't see this in my lifetime, but I know that this sense of justice will reach you. I hope you are proud to see that I did not just sit idly by or give in to despair. I learned from your pain and mine, and that rivers of inaction only lead to depression. It is always better to do something. Even if it is little, even if it is slow." "Through this anthology, I hope I have represented my values with honor and authenticity. As you always instilled in me, even if it was with few words, you planted in me the seed of doing. And I am doing what you wanted so much to do and depression did not let you. I am an extension of that dream of yours, to fight for social justice and the memory of our history. Out of conviction, not repetition. Because I share that dream." Also to my mother, Felipa Cuaresma, and my sister, Daisy Altamirano, for supporting me emotionally despite the distance and time difference. I hope I am honoring the lineage of resilient women from which I come, and of which my mother is one of the highest representatives. "Thank you, Mom, for your high standards and consistency in raising me."

Prefacio

Esta Antología Latinoamericana, *América Sin Fronteras: Revelando La Experiencia Latinoamericana / America Without Borders: Revealing the Latin American Experience*, fue hecha en respuesta a estos tiempos sociopolítico-económicos difíciles y de transición, incertidumbre y hasta quizás, miedo y desesperanza, donde es necesario más que nunca reafirmar nuestro valor como comunidad latina a ojos de Estados Unidos, y de nosotros mismos. Es una antología actual, crucial, que reúne las voces latinoamericanas inmigrantes, de primera generación (muchas veces llamados inmigrantes con desprecio, pero realmente, mucho más nativos de América, que los que nos desprecian), con raíces peruanas, chilenas, ecuatorianas, guatemaltecas, puertorriqueñas, y por supuesto mexicanas, y sus hijos, voces chicanas. Por lo cual, es una antología poderosa, que trasciende desde el pasado al presente, para recordarnos y recordarles nuestra historia y nuestro valor, a todos, incluso a nosotros mismos.

El nacimiento de esta antología comenzó desde hace más de diez años, con un sentimiento de búsqueda de identidad, entre el año 2015 y 2016. Quería sentirme más segura de mí, en mi vida personal, pues después de volverme madre y estar al cuidado de mi hijo a la par de trabajar, me había perdido un poco de mi meta de asentarme mejor en este país. Y se venía otro momento de incertidumbre sociopolítica; el tiempo de Obama como presidente estaba terminando y el ambiente se veía cargado con los candidatos tratando de pasar las elecciones primarias. Me había unido al Club Latinoamericano del Colegio Comunitario (College), y venía participando en varios proyectos con ellos, pero sentía que necesitaba hacer más, crecer como ciudadana del mundo.

Un día estaba en mi clase de pintura, buscaba representar algo más profundo que sólo pintar el cuerpo humano. Mi maestra, una latina sabia y poderosa, Juana Alicia Araiza compartió música para inspirarnos. Puso la canción *Latinoamérica*, del grupo Calle 13. Me sorprendí porque sabía que ese grupo hacía canciones bailables, pero usualmente no muy profundas. Para ese entonces acababa de fallecer el escritor y periodista uruguayo, Eduardo Galeano. Me contaron que el Grupo Calle 13, había estado haciendo colaboraciones con Eduardo Galeano. Me introduje entre la música, las recitaciones de Galeano y mis propias preguntas de la vida y de la identidad. Todo fluyó, y la pieza Transformación/ Mi Propio Fénix nació; una expresión de libertad personal con su propia identidad Latina. Pronto, inicié el Club de poesía en bilingüe, Español-Inglés, el cuál más adelante se hizo más integral y se llamó GALA (Grupo de Artes LatinoAmericanas), que tenía dos enfoque; continuar con el Club de Poesía con más énfasis en español, para no sólo no olvidar nuestro idioma o que los latinos nacidos aquí no olviden de dónde vienen, sino para que nos escuchemos entre nosotros y los demás nos puedan escuchar. Y el otro enfoque era juntar a los pintores, dibujantes o multimedia artistas latinos del Colegio Comunitario y alrededores, para crear espacios donde pueda presentarse arte hecho por Latinos, con temas latinos y más. Los dos proyectos tuvieron frutos; el librillo, Amor en tiempos de Elecciones, y dos exhibiciones Latinoamericanas.

GALA también fue un refugio para mi comunidad y para mí misma, recuerdo el día en que dieron los resultados de las elecciones. Eran las cuatro y cuarenta y cinco de la tarde y estábamos a minutos de terminar el taller/ club de poesía y sólo podíamos escribir de nuestros sentimientos y temores sobre estos prontos resultados. Y de repente, sentimos como un silencio gris se sobrevino en el ambiente. Habían dado los resultados. Los ojos de las personas parecían vacíos y sin alma. Me y nos dio mucho miedo del futuro, pero nos juramos seguir adelante y pudimos, un par de meses después, unirnos y hacer un evento latino más. Luego, vino la pandemia del COVID-19.

Ahora en 2025, esta antología y las circunstancias tan similares, pero aún más desafiantes, fueron un revivir y abrir heridas, pero así como antes, la resiliencia florecerá. Mi sueño no se quedará trunco. Ese librillo sería la semilla y el recordatorio de una promesa. Así, se unieron más latinos a este proyecto; Erica Castro y Marina Cruz de México, Melba del Carmen Victoria Stetz Flores de Puerto Rico, Ximena Soza de Chile, Indira Ríos de Honduras, GusTavo Adolfo Guerra Vásquez y Puma Tzoc, de Guatemala e Inti García, de Ecuador. América Sin Fronteras, se fue construyendo poco a poco y teniendo la vena de la escritura, todas volcamos el corazón en el papel para compartirlo con el mundo.

Aportamos nuestro conocimiento ancestral, sabores, arte, música y mucho más al mundo, desde antes, hoy y en el futuro. Para que otros continentes también puedan saber de nosotros, y nos reconozcan como este ramillete de diversidad que somos los latinos. Para que Estados Unidos, y toda América misma, nos vea y veamos y nos respetemos a nosotros mismos. Para que nuestra propia gente, nuestra Raza, se vean reflejados en nuestros escritos, despierten y no se dejen borrar, y continuando el legado de nuestra cultura e historia. Para que nuestras familias y comunidad, y nosotros mismos estemos orgullosos de lo que somos, de la misma América y América misma.

Áurea María Altamirano Cuaresma,
Curadora de la Antología *América Sin Fronteras*

Preface

This Latin American Anthology, *América Sin Fronteras: Revelando La Experiencia Inmigrante/ America Without Borders: Revealing the Immigrant Experience*, was created in response to these difficult, transitional, and uncertain sociopolitical-economic times, perhaps even fear and hopelessness, where it is more necessary than ever to reaffirm our value as a Latino community in the eyes of the United States, and in our own eyes. It is a crucial, current anthology that brings together first-generation Latin American immigrant voices (often disparagingly called immigrants, but in reality, much more native to the Americas than those who despise us), with Peruvian, Chilean, Ecuadorian, Guatemalan, Puerto Rican, and of course Mexican roots, and their children, Chicano voices. Therefore, it is a powerful anthology, transcending the past to the present, to remind us and others of our history and our value, all of us, including ourselves.

The birth of this anthology began more than ten years ago, with a sense of searching for identity, between 2015 and 2016. I wanted to feel more confident in my personal life, because after becoming a mother and caring for my son while working, I had lost sight of my goal of settling down in this country. And another moment of socio-political uncertainty was coming; Obama's time as president was ending, and the atmosphere was charged with candidates trying to get through the primaries. I had joined the Latin American Club at the community college and had been participating in several projects with them, but I felt I needed to do more, to grow as a citizen of the world.

One day I was in my painting class, looking to represent something deeper than just painting the human body. My teacher, a wise and powerful Latina, Juana Alicia Araiza, shared music to inspire us. She played the song "Latinoamérica" by the group Calle 13. I was surprised because I knew that this group made danceable songs, but usually not very profound ones. At that time, the Uruguayan writer and journalist Eduardo Galeano had just passed away. I was told that Calle 13 had been collaborating with Eduardo Galeano. I immersed myself in the music, Galeano's recitations, and my own questions about life and identity. Everything flowed, and the piece Transformación/ Mi Propio Fénix (Transformation/My Own

Phoenix) was born, an expression of personal freedom with its own Latin identity. Soon, I started a bilingual Spanish-English poetry club, which later became more comprehensive and was called GALA (Grupo de Artes LatinoAmericanas, or Latin American Arts Group), which had two focuses: to continue the Poetry Club with more emphasis on Spanish, not only so that we would not forget our language or so that Latinos born here would not forget where they came from, but also so that we could listen to each other and others could listen to us. The other focus was to bring together Latino painters, draftsmen, and multimedia artists from the community college and surrounding areas to create spaces where art made by Latinos, with Latino themes and more, could be presented. Both projects bore fruit: the booklet, Love in Times of Elections, and two Latin American exhibitions.

GALA was also a refuge for my community and for myself. I remember the day the election results were announced. It was 4:45 p.m., and we were just minutes away from finishing the poetry workshop/club. All we could do was write about our feelings and fears regarding these imminent results. Suddenly, we felt a gray silence descend upon the room. The results had been announced. People's eyes seemed empty and soulless. We were very afraid of the future, but we vowed to move forward, and a couple of months later, we were able to come together and hold another Latino event. Then came the COVID-19 pandemic.

Now, in 2025, this anthology and the very similar, but even more challenging circumstances, were a revival and reopened wounds, but just like before, resilience will flourish. My dream will not be cut short. That booklet would be the seed and reminder of a promise. Thus, more Latinos joined this project: Erica Castro and Marina Cruz from Mexico, Melba del Carmen Victoria Stetz Flores from Puerto Rico, Ximena Soza from Chile, Indira Ríos from Honduras, GusTavo Adolfo Guerra Vásquez and Puma Tzoc from Guatemala, and Inti García from Ecuador. América Sin Fronteras was built little by little, and with our writing skills, we all poured our hearts onto the page to share it with the world.

We bring our ancestral knowledge, flavors, art, music, and much more to the world, from the past, today, and into the future. So that other continents can also learn about us and recognize us as the diverse group that we Latinos are. So that the United States, and all of America itself, can see us, and we can see and respect ourselves. So that our own people, our race, can see themselves reflected in our writings, wake up and not allow themselves to be erased, and continue the legacy of our culture and history. So that our families and communities, and we ourselves, can be proud of who we are, of America itself and of America itself.

Áurea María Altamirano Cuaresma,
Curator of the Anthology *América Sin Fronteras* (*América without borders*)

Introducción

*América Sin Fronteras: Revelando La Experiencia Inmigrante/
America Without Borders: Revealing the Immigrant Experience,*
es el inicio de un movimiento de reapropiación y reafirmación de
nuestra herencia cultural, como Comunidad Latina en Estados
Unidos. Es la primera de tres antologías latinoamericanas. Incluye
poemas, relatos, ensayos y arte visual, dónde, México (Náhuatl),
Guatemala (Maya-K'iche), Chile (Mapudungun), Perú y Ecuador
(Quechua/ Kichwa), Honduras y Puerto Rico, hablan, cuentan sus
experiencias de vida y de su historia, en Español y en su propias
lenguas originarias a través de las letras y arte de los autores. Una
colección más que bilingüe, para el deleite de la lectura en diversidad.

Este libro pretende mostrar una mirada personal, colectiva y humana de esta muestra cultura de Latinoamérica. De autores que viven
en el mundo del *nepantla* (en el medio de dos mundos, en Náhuatl),
con el corazón entre nuestras raíces y en el norte de nuestra propia
casa, América. Entre el no dejarnos devorar y el redescubrirnos
aunque estemos lejos de la tierra de nuestra niñez. Nuevas voces
que miran hacia el *sumaq kawsay* (el estado del buen vivir). Y en
nuestro camino, a la vez mostrando el dolor, legado y el orgullo que
nos une. Empezando una conversación sobre nuestra identidad
cultural; abriendo la herida para de verdad sanar.

Nadie ha de quitarnos lo nuestro, porque lo llevamos dentro. Lo que
hacemos es contrario al odio, el egoísmo, y la injusticia. América Sin
fronteras es alzar la voz, diciendo, **"estamos aquí, somos importantes para la tierra y para el mundo, y no nos vamos a
ir, porque América es nuestra casa.** Porque llámala en cualquiera de nuestras nuestras lenguas originarias, *Abya Yala* ("living
land", as the Kuna people of Colombia and Panamá), *Pachamama*
(en Quechua), *Anáhuac* (en Náhuatl), *K'inich Ajaw* (en Maya).
América es nuestro hogar.

Ha sido y seguirá siendo un camino rocoso, de altibajos, de búsque-
das y encuentros, rocoso, pero también de flores, con tropiezos y
pequeñas glorias. Alguien tenía que comenzar, y abrir paso a los

demás, como la misma migración alrededor de la tierra, de la vida.
Somos ciudadanos de América, hijos de América, y más que eso,
somos América, y sin fronteras.

Introducción

América Sin Fronteras, Revelando La Experiencia Inmigrante/ America Without Borders: Revealing the Immigrant Experience is the beginning of a movement of reappropriation and reaffirmation of our cultural heritage as a Latin American community in the United States. It is the first of three Latin American anthologies. It includes poems, stories, essays, and visual art, in which Mexico (Nahuatl), Guatemala (Maya-K'iche), Chile (Mapudungun), Peru and Ecuador (Quechua/Kichwa), Honduras, and Puerto Rico speak, recounting their life experiences and history, in Spanish and in their own native languages through the authors' literature and art. A more than bilingual collection, for the delight of reading in diversity.

This book aims to offer a personal, collective, and human perspective on this beautiful sample of cultural heritage of Latin America. It is written by authors who live in the world of *Nepantla* (in the middle of two worlds, in Nahuatl), with their hearts between our roots and in the north of our own home, America. Between not letting ourselves be devoured and rediscovering ourselves even though we are far from the land of our childhood. New voices that look toward *Sumaq Kawsay* (the state of good living). And on our journey, simultaneously revealing the pain, legacy, and pride that unites us. Starting a conversation about our cultural identity; opening the wound to truly heal.

No one should take away what is ours, because we carry it within us. What we do is contrary to hatred, selfishness, and injustice. America Without Borders is about raising our voices, saying, "We are here, we are important to the land and to the world, and **we will not leave, because America is our home.** Because call it in any of our native languages: Abya Yala ("living land" as the Kuna people of Colombia and Panama), Pachamama (in Quechua), Anáhuac (in Nahuatl), K'inich Ajaw (in Mayan). America is our home.

It has been and will continue to be a rocky path, of ups and downs, of searching and encounters, rocky, but also of flowers, with setbacks and small glories. Someone had to start, and pave the way for others, like the migration itself around the land of life. We are citizens of America, children of America, and more than that, we are America, and without borders.

América soy yo
       (Poema colectivo)

Somos la humanidad
sembrando la historia
estamos hechos
estoy hecha de flores hermosas,
frágiles, perfumadas, admiradas, regaladas
para celebrar o para representar un acto de amor,
somos ramo de voces
versos inmensos.

Crecimos
y crecí de un árbol grande fuerte frondoso abundante,
nunca me faltó agua; a mi alrededor había aves,
había frutos, había sombra, había sol, había lluvia,
vientos fuertes que me sacudieron y
brisas suaves que me acariciaron
brisas que nos acariciaron
las raíces de este árbol quedaron en mi
amada ciudad,
quedaron en nuestras amadas ciudades.

 Tanto han vivido nuestras fuerzas
pero nunca nos derribaron
y es que las tormentas nunca nos derriban
porque siempre hay una lección de la que aprender
las olas pueden fluir,
el viento puede soplar, pero con nuestra fuerza en comunidad
podemos mantenernos firmes y seguir adelante,
la montaña rusa de la vida
abraza el valor que reunimos al permanecer unidos,
valor que nos permite levantarnos juntos y avanzar.

Hoy recordamos todo
cuando alguien nace, pero también cuando alguien muere,
cuando hay fiesta, cuando hay llanto
cuando nace la vida
y nace una propuesta
que el camino vale
solamente para hacer feliz a una sola
persona,

o a todas las del encuentro
por eso me encuentro en todo el mundo
y me encuentras en todo el mundo.

Estamos hechos de dolor
yo estoy hecha de gotas de dolor
y pétalos de esperanza de aprendizaje del mundo
pero más aprendizaje de mí misma,
aprendizaje de los otros
aprendizaje de tantos tropiezos y caídas,
aprendizaje de tantas vidas.

Con cada sueño levantado
y pequeños pasos hacia adelante,
sosteniendo el aprendizaje
florezco a rayo de luz
florecemos.

Hacemos
una mirada hacia el pasado y el futuro
esto no nos desestabiliza
no me desestabiliza más,
sino que nos dará razones
me dará la perspectiva y base para actuar
el sueño mío y el de mis ancestros
porque estamos hechos
porque estoy hecha
de mis experiencias, costumbres y valores,
y me estoy volviendo más dueña de mis
regalos, pero también de mis propios demonios,
nos estamos volviendo más
dueños de nuestros pasos.

Porque estamos hechos
de experiencias únicas;
de luchas y bailes con la vida.
de encuentros con la muerte,
 y de renacimientos.

Deseo que después de leer este poema
siempre recuerdes
que nuestra América debe ser una.

Deseamos que recuerdes
que hoy levantamos nuestros sueños
que somos un arcoíris de voces
que caminan sin permiso
por derecho
por humanidad,
por reivindicación,
por legado,
por simplemente
estar vivos.

Ahora,
América somos todos,
los huéspedes de América
que se volvieron parte de ella,
pero sobretodo
los nativos de sus tierras.
Que quede muy claro,
América soy yo!

Desde mis y por mis raíces,
desde el fondo de la conexión
de la tierra y mi corazón.

Eres
Dedicado a América Sin fronteras
Por Áurea Altamirano Cuaresma

Eres mi hija,
aunque tú no lo sepas.

La hija que siempre quise
y que por fin me llego.
La carne, evoluciona.
Solo puede ser obra del universo.
Polvo de estrellas.

Eres las incontables horas sin dormir,
y la lucha con mis propios ojos para no caer rendidos,
y para seguir empujándome a ver más allá.
De lo obvio, de lo oscuro,
de la rabia y de mis propios demonios,
y de los demonios esclavizantes de ellos.

Sí, de todos los ellos,
desde mis propias raíces enredadas en nepantla,
dos mundos que me si no soy fuerte, me despedazarán,
hasta los ojos anaranjados endemoniados del anti-corazón,
antihumanidad
que querría *evict me* a otro planeta, otro universo,
fulminarme,
si supiera de tí.

Eres, mi dolor, mi amor,
mi redención por no haber hecho esto antes.
Antes de que mi padre se fuera.
Y quizá, la misma,
tu razón para terminar de germinar furiosa
tus brotes, salgan por mi boca y mis dedos,
buscando el sol.

Eres nada más que magia,
Y mucho más que ella.
Magia intoxicante, self-drive,
punto de quiebre, out-explosión.
Dejando el subyugar de la implosión

y la autodestrucción, atrás.

Eres, un paso decisivo más allá del aguante,
del sobrevivir, de la queja y hasta de la resiliencia.
Eres las primeras sonrisas acompañadas del grito de mis letras.

Eres decir lo innombrable.
Eres HACER.

Eres el nacimiento de un movimiento.

You are

Dedicated to America Without Borders, sin límites
By Áurea Altamirano Cuaresma

You are my daughter,
even if you don't know it.

The daughter I always wanted
and who has finally arrived.
Flesh evolves.
It can only be the work of the universe.
Stardust.

You are the countless sleepless hours,
and the struggle with my own eyes to avoid giving in,
and to keep pushing myself to see beyond.
Of the obvious, of the dark,
of the rage and my own demons,
and their enslaving demons.

Yes, of all of them,
from my own roots tangled in Nepantla,
two worlds that, if I'm not strong, will tear me apart,
to the demonic orange eyes of the anti-heart,
anti-humanity
that would want to evict me to another planet, another universe,
destroy me,
if it knew of you.

You are my pain, my love,
my redemption for not having done this sooner.
Before my father left.
And perhaps, the same,
your reason to finish germinating furiously
your shoots, emerging from my mouth and my fingers,
seeking the sun.

You are nothing more than magic,
And much more than it.
Intoxicating magic, self-drive,
breaking point, out-explosion.

Leaving the subjugation of implosion
and self-destruction behind.

You are a decisive step beyond endurance,
survival, complaint, and even resilience.
You are the first smiles accompanied by the cry of my lyrics.

You are saying the unspeakable.
You are DOING.

You are the birth of a movement.

Transformación de un alma/ Transformation of a soul, Charcoal and acrylic, 2016, by Áurea María Altamirano Cuaresma

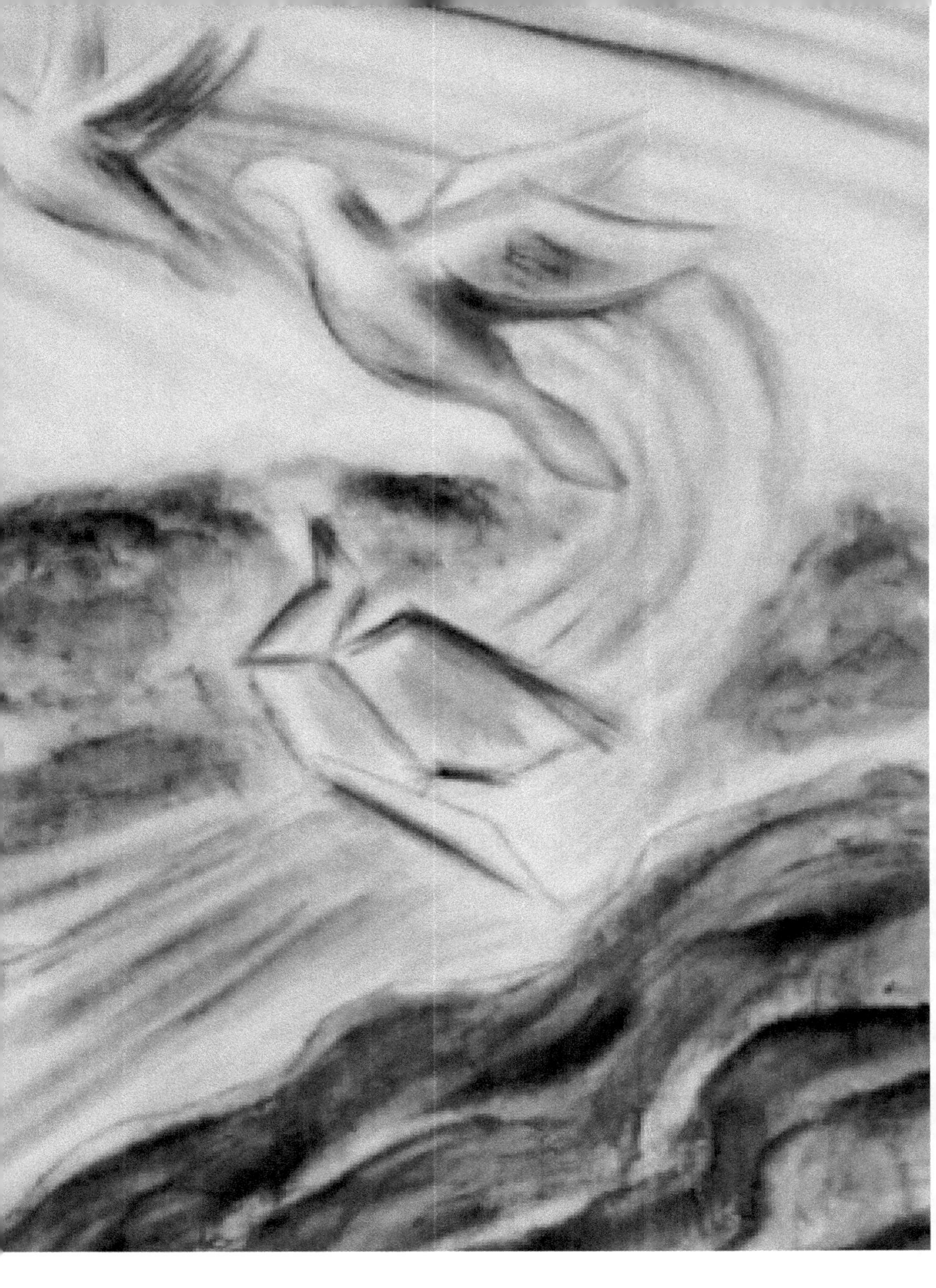

Himno al inmigrante

Por Áurea María Altamirano Cuaresma

El dolor de la añoranza
tiene olor a tierra húmeda,
a campo, a pastizal de rancho,
a asentamiento humano
con techos de calamina.

Tan lejana y tan metida dentro de uno.

Muchas veces tan solos
en medio de miles
que callan.
Traspasados y con el corazón enmarañado
en medio del choque cultural y los sueños por un porvenir.

No digan que no duele la vida,
porque los ojos no engañan.
Sólo un inmigrante sabe la profundidad de la herida.

Que hay que ser tan fuerte como hierro,
y a la vez tan flexible y moldeable
para apenar parecer encajar un poquito
y sobrevivir.

En un inmigrante,
está guardada
una fuente de aprendizaje,
los regalos ancestrales,
un camino a la sabiduría,
los bailes con la muerte,
un inmenso potencial,
la fuerza de un volcán,
un diamante medio sepultado por la vida,
que sólo necesita ser pulido.

Para el ojo sabio,
la pieza que le faltaba a América

para ser la gran América.

Inmigrante,
sepas tu valor,
porque has vivido ya mil vidas
en tu camino de héroe de tu pueblo
y de tu propia vida.

La geopolítica decidió dónde nacimos,
pero la tierra nos quiere a todos caminando en ella,
Moviéndonos, buscando una vida mejor.
Es natural como respirar
sino, habríamos nacido en otro planeta.

Inmigrante,
estés orgulloso
de las cicatrices de tus manos y de tu corazón,
porque no eres sólo una pieza cualquiera más,
eres el hacedor de tu destino.

Hymn to the immigrant
By Áurea María Altamirano Cuaresma

The pain of longing
smells to damp earth,
of the countryside, of ranch pasture,
or perhaps a human settlement
with tin roofs.
So far away and so deep inside you.

Many times so alone
in the midst of thousands
who are silent.
So far away and with a tangled heart
in the midst of culture shock and dreams for a future.

Do not say that life does not hurt,
because the eyes do not deceive.
Only an immigrant knows the depth of the wound.
That you have to be as strong as iron,
and at the same time as flexible and moldable
to seem to fit in a little bit to survive.

In an immigrant,
is stored
a source of learning,
the ancestral gifts,
a path to wisdom,
dances with death,
an immense potential,
the strength of a volcano,
a diamond half buried by life,
that only needs to be polished.

To the wise eye,
the piece that America was missing
to be the great America.

Immigrant,
know your worth,

because you have already lived a thousand lives
on your path as a hero of your people
and of your own life.

Geopolitics decided where we were born,
but the earth wants us all to walk on it,
moving, looking for a better life.
It is as natural as breathing
if we had not been born on another planet.

Immigrant,
be proud
of the scars on your hands and your heart,
because you are not just another piece,
you are the maker of your destiny.

Indira Rios

Pintura acrílica, 2024. Denis Daniel. Honduras. https:// denisdaniel.weebly.com/pinturas.html
Instagram: denisdanielrm

Viacrucis De Olvidos
Por Indira Ríos

Me preguntan por el miedo
mientras apuntan otra vez balas
para mis geografías de ríos perdidos,
la sequía de mi pecho traga el polvo del destierro,
las llagas del camino esculpen la travesía
en las inocencias de cadáveres
que me miran desde cortas piernas
que lloran las flores del desierto

Camino y camino, ya no sé si soy yo
o son todos los que no pudieron más
¿Cuáles son las vidas que importan?
Las de este camino me gritan sus nombres
a mí me importan
en mí sangran
en mí suplican hasta sudar la impotencia

Cargo golpes de rocas gigantes
de muertes a cuentagotas,
de un tic tac que coloca sogas
en nuestras gargantas,
Cargo golpes de rocas gigantes
pongo el rostro
y recibo los que son para mi madre,
golpearían gustosos
las barrigas desiertas de mis amigos,
por ellos también pondría mi rostro.

Mira las alforjas de mis pulmones
llevo respiraciones dolorosas,
pero ya son demasiadas, demasiadas...
fusilarían campantes nuestras ramas sin nido,
pero un reflector posterga este asesinato pausado,
dibujo un refugio con la fatiga de mi zapato,
pero el viento lo arrastra
y mi sonrisa envejecida pierde la memoria
se pierde y no la encuentro

¿Cuándo la encontraremos?
¿Alguien la buscará?
¿Hay más niños sin ángel de la guarda?
¿Adónde van los niños de mi barrio?
¿Adónde van los niños como yo?
¿Adónde?
Quieren encerrarme
¿es un crimen ser niño?
mi confusión mira la metralla
busca un por qué
un sismo de horror quiebra a mi madre,
doblada a mi altura me imagino armadura
y mis piernas se vuelven cedros indoblegables,
mi altura indefensa es muralla que abraza
el derrumbe de su alma.

Me preguntan por el miedo
ahora que estoy afuera de los bordes de un mapa,
acá también nos asesinan desde decretos,
apilan una y otra vez
cerrojos que inventan para reprimir mi humanidad,
descubrí que la cocaína tiene llave de tránsito mundial
en vuelos de "primera clase"

Dicen que soy ilegal
pero nací en este mundo
no conozco otro
siempre he sido humano,
murmuran y murmuran
creen que mi angustia
ha nacido afuera de los bordes de un mapa
murmuran...
nada saben,
este alarido suelto en el desierto
era alarido encerrado
en el silencio de paredes desfallecientes
yo aún escucho los que quedan adentro,
creo que ustedes no
ciegos oídos de desamor.

Desde mi tierra yo huyo
huimos
y ellos siempre han llegado con visa en mano
desde la Carta Rolston hasta las mineras
que vienen desde la hoja de arce
que exporta genocidios y cultiva Valles de Sirias
en las bocas expoliadas de mi pueblo,
lloro, las lloro
porque aún veo sus bocas
aún veo una sarta de cuerpos
con las moscas que revuelan
sobre la sangre violada de la dignidad,
sus cuerpos
mi cuerpo
el de mi madre,
homicidas con disfraces de legalidad
no alcanzarían los veredictos
de todas las cadenas perpetuas
por tantas bocas mutiladas hasta la agonía.

Hoy me miran
quizás
quizás miren mi rostro,
hoy soy el escándalo del periódico
y mañana
o quizás pasado mañana,
nuestros cuerpos serán tragados por buitres
y no me recordarán,
pero hoy soy un criminal perseguido
somos...
el hambre es asidua calamidad
y crimen capital engarzado
en el epicentro de mi inocencia,
de todos mis pueblos
de nuestros pueblos,
hoy descubrí agonizando que me preferían ajeno
clandestino
secreto
en el olvido,
muriendo sin hacer ruido

asesinados sin hacer ruido,
en un San Fernando[1]
sin cobertura noticiosa
con cuerpos asfixiados
en todos los caminos
en todos los trenes
en todos los viacrucis de olvidos.

---

1 En agosto de 2010, 72 migrantes fueron asesinados por el crimen organizado en San Fernando, en el Estado de Tamaulipas, México.

Stations Of The Cross Of Forgetfulness
By Indira Ríos

They ask me about fear
while they aim bullets again
at my geographies of lost rivers,
the dryness of my chest swallows the dust of exile,
the wounds of the road sculpt the journey
in the innocence of corpses
that look at me from short legs
that weep for the desert flowers

I walk and walk, I no longer know if it's me
or if it's all those who couldn't take it anymore
Which lives matter?
Those on this road shout their names to me
They matter to me
They bleed inside me
They plead with me until they sweat, their helplessness

I bear blows from giant rocks
Of deaths in dribs and drabs,
Of a ticking that places ropes
Around our throats,
I bear blows from giant rocks
I put my face forward
And receive those meant for my mother,
They would gladly strike
The deserted bellies of my friends,
For them too I would put my face forward.

Look at the saddlebags of my lungs
I take painful breaths,
But there are already too many, too many...
They would shoot our nestless branches,
But a spotlight postpones this slow murder,
I draw a shelter with the fatigue of my shoe,
But the wind drags it away
And my aging smile loses its memory
It is lost and I can't find it

When will we find it?
Will anyone look for it?
Are there more children without a guardian angel?
Where do the children of my neighborhood go?
Where do children like me go?
Where?
They want to lock me up.
Is it a crime to be a child?
My confusion looks at the shrapnel.
Searches for a reason.
A horrific earthquake breaks my mother.
Bent at my height, I imagine myself armored.
And my legs become unyielding cedars.
My defenseless height is a wall that embraces
the collapse of her soul.

They ask me about fear
now that I'm outside the borders of a map,
here too they murder us through decrees,
they pile up again and again
locks they invent to repress my humanity,
I discovered that cocaine has a key to global transit
on "first-class" flights

They say I'm illegal
but I was born in this world
I know no other
I've always been human,
they murmur and murmur
they believe my anguish
was born outside the borders of a map
they murmur...
they know nothing,
this cry released in the desert
was a cry enclosed
in the silence of failing walls
I still hear those who remain inside,
I believe that you are not
blinded by heartbreak.

From my land I flee
we flee
and they have always arrived with visas in hand
from the Rolston Letter to the mining companies
that come from the maple leaf
that exports genocide and cultivates the valleys of Syria
in the plundered mouths of my people,
I cry, I cry for them
because I still see their mouths
I still see a string of bodies
with the flies that hover
over the blood violated by dignity,
their bodies
my body
my mother's,
murderers disguised as legality
the verdicts
of all the life sentences
would not be enough for so many mouths mutilated to the point of
agony.

Today they look at me
perhaps
perhaps they look at my face,
today I am the scandal of the newspaper
and tomorrow
or perhaps the day after tomorrow,
our bodies will be swallowed by vultures
and they will not remember me,
but today I am a hunted criminal
we are...
hunger is a constant calamity
and a capital crime embedded
in the epicenter of my innocence,
of all my peoples
of our peoples,
today I discovered, dying in agony, that they preferred me to be a
stranger
clandestine
secret

forgotten,
dying without making a sound
murdered without making a sound,
in a San Fernando[2]
without news coverage
with suffocated bodies
on all the roads
on all the trains
in all the Stations of the Cross of oblivion.

---

2   In August 2010, 72 migrants were killed by organized crime in San Fernando, in the State of Tamaulipas, Mexico.

Asesinatos Impunes
Por Indira Ríos

Enésimo asesinato
vitrales fragmentados en el tragaluz
que esperaba el sol primogénito
oriundo de arrugas desamparadas,
arrugas que esperaban con la vigilia afligida
el te amo de un regreso,
pero el ocaso de sus labios se lo llevó sin preguntarle
¿Regresó?
No, él no,
regresó un calvario silente,
algodones clausurando sus sentidos,
valles de quimeras desmoronadas,
silencios clavados en tablas deportadas.
En un pestañeo la espera fue descuartizada
amparada por los autores de la indigencia,
en un pestañeo se consumó la infamia,
tan solo regresó un cuerpo deshabitado,
irreconocible,
con los derechos expoliados y la justicia burlada.

Regresó un sol extinguido
rayos ennegrecidos desde sus párpados fríos,
padres huérfanos con suplicas histéricas
buscando dormir la pesadilla,
devastadores alaridos de fracturas
que se zambullen en los bastones de sus huesos gastados,
amores rotos,
repatrio de muerte al barrio esquilmado
por la bayoneta del capital,
gime la casa alquilada de su ayer,
caretas paredes que serán océano de su nombre
en la anáfora de perpetuos llantos que lo invocarán,
pero su nombre es sordo
ya no vendrá,
lo sabe la mortaja que errante
sigue buscando empleo y pan negado,
lo saben las canas con las sonrisas deforestadas,

lo sabe el presagio de insomnes cortaduras
en los huérfanos regazos
que divisan un ataúd para tres
en una lápida que lleva
copiosos nombres de juventud acribillada.

Unpunished Murders
By Indira Ríos

Yet another murder
stained glass windows in the skylight
that awaited the firstborn sun
native of helpless wrinkles,
wrinkles that waited with anguished vigil
for the I love you of a return,
but the twilight of her lips took it away without asking
Did he return?
No, not him,
a silent ordeal returned,
cotton wool closing off his senses,
valleys of crumbling chimeras,
silences nailed to deported boards.
In the blink of an eye, the wait was dismembered
protected by the perpetrators of poverty,
in the blink of an eye, the infamy was consummated,
only an uninhabited body returned,
unrecognizable,
with its rights plundered and justice flouted.

An extinguished sun returned
blackened rays from their cold eyelids,
orphaned parents with hysterical pleas
seeking to sleep their nightmare,
devastating shrieks of fractures
that plunge into the canes of their worn bones,
broken loves,
repatriation of death to the neighborhood plundered
by the bayonet of capital,
the rented house of its past groans,
masked walls that will be an ocean of its name
in the anaphora of perpetual cries that will invoke it,
but its name is deaf
it will not come again,
the shroud knows it that, wandering
continues looking for employment and denied bread,
the gray hairs know it with their deforested smiles,

the omen of sleepless cuts knows it
in the orphaned laps
that glimpse a coffin for three
on a tombstone that bears
many names of youth riddled with bullets.

Pintura acrílica, 2020. Denis Daniel. Honduras
Instagram: denisdanielrm

Desterrados
Por Indira Ríos

Ahí van,
caravanas sentenciadas
cargando equipajes de angustias con vísperas maniatadas,
sus nebulosas esperanzas milimétricos tanques de oxígeno
que apaciguan madrugadas acosadas con los ojos entreabiertos
sobre callejones que acobijan buenas noches ausentes.

Las fronteras son clasistas,
los despojados son encarcelados
y el despojo comercia campante
con las visas que ha inventado.
Jamás el desierto ha sido cruzado por los verdugos,
pero ha visto lágrimas desterradas
llorando sus vidas entre sueños deshidratados,
las ha visto
       una vez
          y otra
            y otra vez
sus afanes insolados saltan las fronteras
buscando apagar favelas,
son mesas saqueadas,
buscando llegar a la médula de las ruindades,
donde el Tío Sam
       juega
          a la ruleta
   rusa
          con
    vidas
       ajenas

Los nopales con sus nervios destrozados
han escuchado luctuosas melodías,
y como fieles tocadiscos
entonan los retratos de los desterrados:
van con ojos de canto enjaulado,
vienen
de camas clamando techos,

de platos clamando compañía,
de enfermos muertos de recetas,
del dolor de asesinatos de la hermana
y el hijo,
de la vecina y el padre,
de barrios de miseria blanca recolectada por bancos,
de esquinas atormentadas con signos vitales silentes,
de astilladas manos juveniles
que entre dunas desdoblan
                              la educación gratuita
garantizada por el estado:
ladrillero
camionero
albañil
mandadero
busero...
            voces
                  de
                      quebrantos
denuncias que retroceden décadas,
crudas portavoces,
sí
los niños también trabajan
y los organismos internacionales
colocan el dedo índice frente a sus bocas actorales,
la merienda de hoy será destierro,
y el dedo índice no descansa;
la impotencia demuda sus faces,
y las dolencias hechas
pasos,
reclamos,
gritos,
llagas de caminatas,
florecen
de voces que cruzan silencios.

Sudoraciones infantiles,
jóvenes y maduras,
desterradas
estrujadas

desplayadas
atribuladas en travesías
con azotes que niegan
el derecho de ser humano,
frente a un Río Bravo
                que desearía ser El Mar Rojo.

Miles de vidas
convalecientes talones
huyendo de los proyectiles
que apuntan a sus estómagos,
los noticieros jamás dijeron
que se dirigen hacia sus fabricantes,
sus llegadas son inciertas,
Hades tiene puntos estratégicos:
                agua
                arena
                rieles
                pólvora
y en los códigos penales
del sobrevalorado norte,
en honor a la Escuela de las Américas
se guillotinan libertades
y se entierran soberanías,
mientras en tierras latinas
cuelgan listones negros
y velas de peticiones
sobre fotografías
que se desgañitan de dolores.
Y los nopales que cuentan sus historias
se preguntan
sí estarán en agobiantes jornadas
congelados en costosos mercados
en prostíbulos con papeles en regla
o perdidos en tumbas sin nombres.

Banished
    By Indira Ríos

There they go,
doomed caravans
carrying luggage of anguish with shackled eves,
their hazy hopes, millimetric oxygen tanks
that soothe harassed dawns with half-open eyes
across alleys that shelter absent good nights.

Borders are classist,
the dispossessed are imprisoned
and dispossession trades freely
with the visas it has invented.
The desert has never been crossed by executioners,
but it has seen banished tears
weeping their lives amidst dehydrated dreams,
it has seen them
               time
                    and again
                         and again
their sunless endeavors leap across borders,
seeking to extinguish favelas,
they are looted tables,
seeking to reach the core of the underworld,
where Uncle Sam
              plays
                  Russian
      roulette
                    with
     others'
            lives

The prickly pear trees, their nerves shattered,
have heard mournful melodies,
and like faithful record players,
they sing the portraits of the exiled:
they go with eyes like caged songs,
they come
from beds crying out for roofs,

from plates crying out for company,
from sick people dying of prescriptions,
from the pain of murders of sisters
and sons,
from neighbors and fathers,
from neighborhoods of white misery collected by banks,
from tormented corners with silent vital signs,
from splintered youthful hands
that unfold *free education* among dunes
Guaranteed by the state:
bricklayer
truck driver
bricklayer
errand boy
bus driver...
            voices
                    of
                        disasters
complaints that go back decades,
crude spokespeople,
yes
children also work
and international organizations
place their index fingers in front of their acting mouths,
today's snack will be exile,
and the index finger doesn't rest;
impotence changes their faces,
and ailments turned
steps,
complaints,
screams,
sores from walking,
bloom
from voices that cross silences.

Childhood sweats,
young and old,
exiled,
crushed,
spread,

troubled on journeys
with lashes that deny
the right to be human,
facing a Rio Bravo
                    that would like to be the Red Sea.

Thousands of lives
convalescing heels
fleeing the projectiles
aimed at their stomachs,
the newscasts never said
that they are headed toward their manufacturers,
their arrivals are uncertain,
Hades has strategic points:
            water
            sand
            rails
            gunpowder
and in the penal codes
of the overrated north,
in honor of the School of the Americas
liberties are guillotined
and sovereignties are buried,
while in Latin lands
black ribbons hang
and candles of petitions
over photographs
that are hoarse with pain.
And the nopales that tell their stories
wonder
whether they are on grueling days
frozen in expensive markets
in brothels with proper papers
or lost in nameless graves.

Indira Ríos, She holds a PhD in Migration Studies from El Colegio de la Frontera Norte in Mexico, a Master degree in Innovations for Learning from La Salle University in Nicaragua, a teaching degree from the National Autonomous University of Honduras, and a social activist. Some of her writing has been published in Mexico, the United States, Argentina, France, Colombia, Slovenia, Italy, and Spain. She has participated in various international festivals, including the 2017 Grito de Mujer International Poetry and Art Festival, the 15th International Meeting of Migrant Poets, the 2020/2021 Southern Poetry Meeting in Venezuela, the 2021 Venezuela International Book Fair, and the 2025 V International Colloquium of Women Writers in Mexico. Her work includes poetry, short stories, and academic writings, the latter the product of research focused on migration. Some of her poems have been translated into English, Slovenian, and Italian, and she has been included in more than twelve poetry anthologies. She is a member of the Organization of Women in Science for the Developing World (OWSD), UNESCO Honduras Chapter. She is a researcher and member of the Scientific Committee of the Trilingual Transdisciplinary Journal of Arts, Letters, and Sciences.

Facebook: Indira Ríos
https://www.facebook.com/Indira.Rios6
Instagram: indirarios_dra

GusTavo Adolfo Guerra Vásquez

Autorretrato. Tinta. 1994. Por GusTavo Adolfo Guerra Vásquez. Publicado en el poemario "GuatemaLAngelino". Publicado por Izote Press, 2024.

GusTavo Adolfo Guerra Vásquez
Por GusTavo Adolfo Guerra Vásquez

¿Qué nombre tan largo? ¿no?
A mí me pusieron el nombre del tío político de mi papá
Adolfo se llamaba él.
Adol y Fofo me decían a mí de chiquito
-Era buen hombre el tío Adolfo– recuerdan muchos.
No me gustó mi nombre por mucho tiempo
porque así se llamaba cierto alemán
pero aprendí que hay otros Adolfos que no fueron tan malos.

Me pusieron Gustavo porque combina con Adolfo
así como Juan y Carlos se combinan para ser Juan Carlos
y María y Elena se combinan para ser Marielena.
Antes no me gustaba porque parecía nombre de telenovela
"Gustavo Adolfo Almazán" se llamaba el amor de Lucía Méndez en
"La Colorina."

Vásquez se apellidaba el tatarabuelo de mi tatarabuelo por parte de
mi mamá, disque de ascendencia española.
No sé cómo llegó a nacer cada generación de los Vásquez.

Guerra se apellidaba el tatarabuelo de mi tatarabuelo de mi tatarabuelo de ascendencia española por parte de mi papá.

Tampoco sé cómo llegaron los Guerra a Guatemala.
Sé cómo llegó la guerra pero de los Guerra no estoy seguro.

De mis antepasados indígenas no sé nada
pero mi pelo negro y no muy fácil de doblegar
me traicionaba cuando trataba de negar mi sangre indígena.
-¡No seás indio! –dicen en Guate
y pregunto ¿por qué no?
Bueno, aquí estoy y este poema no se termina
porque cada día se reescribe este borrador constante
que no se acaba de perfilar.
Mucho GusTavo... que diga
mucho gusto,
me dicen Tavo.

Publicado en el poemario "GuatemaLAngelino". Publicado por

GusTavo Adolfo Guerra Vásquez

Izote Press, 2024.
Por GusTavo Adolfo Guerra Vásquez

What a long name, huh?
I was named after my father's in-law, uncle.
That was his name.
Adol and Fofo is what they used to call me when I was little.
"Uncle Adolfo was a good man," many say remembering him.
I didn't like my name for a long time
because that what's a certain German's first name
but I learned that there are other Adolfos who weren't so bad.

They named me Gustavo because it goes well with Adolfo
just like Juan and Carlos combine and become Juan Carlos
and María and Elena become Marielena.
I didn't like it before because it sounded like a soap opera name.
"Gustavo Adolfo Almazán" was the name of Lucía Méndez's love in
"La Colorina."

Vásquez was the surname of my great-great-great-grandfather on
my mother's side, supposedly of Spanish descent.
I don't know how each generation of Vásquezes came to be born.

Guerra was the surname of my great-great-great-great-grandfather,
of Spanish descent on my father's side and it means war.

I also don't know how the Guerras arrived in Guatemala.

I know how the war arrived, but I'm not sure about the Guerras.

I know nothing about my indigenous ancestors,
but my black, untameable hair
betrayed me when I tried to deny my indigenous blood.
"Don't be an indio!" they say in Guatemala,
and I ask, "Why not?"
Well, here I am and this poem is never done
because every day this eternal draft is rewritten
that never quite finishes showing itself.
Mucho GusTavo… I mean
mucho gusto,
they call me Tavo.

Sal

Published in the poetry collection "GuatemaLAngelino." Published by Izote Press, 2024

(Para mi mamá, Bélgica Aurora)
        Por GusTavo Adolfo Guerra Vásquez

A principios del '81
una madrugada
antes que amaneciera
mi madre
joven
bella
a punto de emprender camino
al norte
alistaba maletas
y le dije
-llevame-
y me contestó
-no puedo-

-Ojalá qué te agarren-
le dije

Pronto
estaba
de regreso
más aprendí
que aunque
tal vez
se puede
no se debe
enjaular
a una quetzal

Curse
(For my mother, Bélgica Aurora)
        By GusTavo Adolfo Guerra Vásquez

In early '81,
one morning
before dawn
my
young
beautiful
mother
was about to head
north
was packing her bags
and I said
"Take me,"
and she replied
"I can't."

"I hope they catch you,"
I said.

Soon
she was
back,
but I learned
that although
it may be possible,
a quetzal
shouldn't be caged.

Tata tocayo trokero

Por GusTavo Adolfo Guerra Vásquez

Mi padre
Guillermo
Esaú
Guerra
Duarte
fue
maestro
de choferes
que manejaban
trailers

A pesar de que
le pagaban una miseria
por transportar contenedores
por toda Tierra Tongva,
él se sentía orgulloso
de su capacidad de conducir
como un experto

Desafortunadamente
su trabajo y heridas
no le permitieron vivir
lo suficiente
para enseñarle
a sus propios nietos
a manejar.

Tata tocayo trokero

By GusTavo Adolfo Guerra Vásquez

My father,
Guillermo
Esaú
Guerra
Duarte
was a master
truck driver
who taught many others.

Even though
he was paid peanuts
to transport containers
throughout Tongva land,
he took pride
in his expert driving ability.

Unfortunately,
his work and injuries
prevented him from living
long enough
to teach
his own grandchildren
how to drive.

Si Dios me da licencia

(Para los latinoamericanos desplazados en California que lucharon
por sus licencias)

        Por GusTavo Adolfo Guerra Vásquez

Si Dios me da licencia
llevaré a mis hijos al doctor
cuando haya alguna emergencia

Si Dios me da licencia
podré dormir lo suficiente
pa' trabajar con mayor eficiencia

Si Dios me da licencia
podré llevar a mi abuelita
a citas para tratar sus dolencias

Si Dios me da licencia
podré manejar un carro
porque el bus se tarda mucho
y el hostigamiento
me colma la paciencia

Si Dios me da licencia
llevaré a mi familia de compras
sin tener que preocuparme por
cualquier consecuencia

Si Dios me da licencia
no tendré que caminar tanto
y arriesgar más
ser víctima de la delincuencia

Si Dios me da licencia
ya no seremos fantasmas
ya que en este país
no quieren aceptar nuestra presencia

Si Dios me da licencia
saldremos de la oscuridad
y superaremos

esta clandestina existencia

Si Dios me da licencia
veremos el día en que tendremos
una verdadera independencia

Si Dios me da licencia
llegará el día en que estos políticos
firmen leyes
no sólo por su propia conveniencia.

God willing

(For the displaced Latin Americans in California who fought for
their licenses)
        By GusTavo Adolfo Guerra Vásquez

God willing,
I will take my children to the doctor
when there is an emergency

God willing,
I will be able to sleep enough
to work more efficiently

God willing,
I will be able to take my grandmother
to appointments to treat her ailments

God willing,
I will be able to drive a car
because the bus takes a long time
and I'm so done
with the harassment

God willing,
I will take my family shopping
without having to worry about
any consequences

God willing,
I will not have to walk so far
and risk becoming the target of a crime

God willing,
we will no longer be ghosts
since in this country
they don't want to accept our presence

God willing,
we will emerge from the darkness
and overcome

this clandestine existence

God willing,
we will see the day when we will have
true independence

God willing,
the day will come when these politicians
sign laws
not just for their own convenience.

Roberto Crespi, rompiendo fronteras, 1993. Tinta. Por GusTavo Adolfo Guerra Vásquez. Publicado en Revista Mujeres UCSC, 1993

Vos

Por GusTavo Adolfo Guerra Vásquez

Enamorado estoy
de vos
NO
no estoy tan enamorado
ni de ti
ni de usted
aunque hay un chisme
que andan diciendo
a baja y alta voz
que soy poli
vos

Vos
este no es
poema de amor carnal
este es poema de amor oral
que diga verbal
porque vos sos
segunda persona
singular
informal
reliquio del colonialismo terco
que ahora se pronuncia y conjuga
de diferentes maneras
por todas nuestras tierras
desde la
del fuego
hasta
la del hielo norteño
donde se oyen
las voces
de
voses
que pescan
catarros y coronas
hasta que
no se oyen
sus voces
vos

sos
el recuerdo
de los susurros de mi madre
de los chistes de mi padre
de los chismes de les vecines
sin importar
lo que vos opinés

Vos
sos
esa
persona
palabra subversiva
que muchos no quieren pronunciar
de la que muchos les gusta burlar
pero a la que yo he llegado a amar

Vos sos mi otra voz
Vos sos amor

Vos

Por GusTavo Adolfo Guerra Vásquez

I'm in luv
with *vos*
NO
I'm not that in luv
with tú
nor with you
although there's gossip
spreading
loud and low
that I'm poly
for you

Vos
this is not
a poem of carnal luv
this is a poem of oral luv
I mean verbal luv
because you are
second person
singular
informal
a relic of stubborn colonialism
now pronounced and conjugated
in different ways
throughout our lands
from Tierra del Fuego
to that of northern ice
where the voices
of
voses
that catch
colds and coronas
are heard
until
their voices are no longer heard
you
are
the memory
of my mother's whispers

my father's jokes
the neighbors' gossip
regardless
of
what you think

You
are
that
person
a subversive word
that many don't want to say
that many like to mock
but that I have come to luv

You are my other voice
You are luv

Lady XoKukul, 1999. Tinta. Por GusTavo Adolfo Guerra Vásquez. Publicado en el poemario "GuatemaLAngelino". Publicado por Izote Press, 2024.

Poder

Por GusTavo Adolfo Guerra Vásquez

Puedo
tratar de dibujar
de escribir
de cocinar
de engendrar
de sembrar
de germinar
de piscar
de trabajar
de recrear

un mundo
que

podamos
co-crear

un mundo
donde

todex, todes, todas y todos
podamos
amar
y cuidar
sin importar
el qué dirán.

Power

By Gustavo Adolfo Guerra Vásquez

I can
try to draw
write
cook
conceive
sow
germinate
pick
work
recreate

a world
that

we can
co-create

a world
where

todex, todes, todas y todos,
we can all luv
and care
regardless
of others will say.

Esperanza
       Por GusTavo Adolfo Guerra Vásquez

La esperanza no se muere
la atacan
y matarla tratan
pero
ella se transporta
emigra
la desplazan
y se transplanta
a donde puede
estar
sobrevivir y relucir

Se va sobre el arcoiris
hasta Guatekanda
SurCentroAméricAbya-Yala
sobre tierra Tongva

Se va sobre las nubes
a dónde nos espera
nuestro amigo fiel
nuestro hermano
que se nos adelantó
nuestra hermana
que el paso
nos abrió

Esperanza
nos acompaña
en este sacbé
que nos lleva
sobre nuestro puente
hacia nuestra gente

Esperanza nos acompaña
hasta Xibalbá
a donde nuestra almas llegan
en donde abues esperan.

Hope

Por GusTavo Adolfo Guerra Vásquez

Hope does not die
they attack her
and try to kill her
yet
she transports herself
migrates
she's displaced
and transplants
herself where she
can be
survive and thrive

She rides the rainbow
all the way to Guatekanda
SouthCentralAmericAbya-Yala
on the land of the
Tongva

She rides the clouds
to where our faithful friend
sibling
who went ahead of us
await
our sister
who cleared the way
for us

Esperanza
accompanies us
on this sacbé
which takes us
over our bridge
towards our people

Esperanza accompanies us
all the way to Xibalbá
where our souls go
where our grandparents go

Cuba

Por GusTavo Adolfo Guerra Vásquez

sos
nuestra perla antillana
negra
blanca
trigueña
y todo entremedio
china
palestina
iraní
por allí
sos muestra
del aguante
de tu
gente
de nuestros
sueños por
nuestro
continente
y sos
nuestra

Gracias
por no hundirte
gracias
por no rendirte.

Cuba

By GusTavo Adolfo Guerra Vásquez

You are
our Antillean pearl,
Black,
white,
Brown,
and everything in between,
Chinese,
Palestinian,
Iranian,
I mean,
you are proof
of the resilience
of your
people,
of our
dreams for
our
continent,
and you are
ours

Thank you
for not sinking,
thank you
for not shrinking.

NuestrAmérica
Por GusTavo Adolfo Guerra Vásquez

NuestrAmérica no es una tierra egoísta
acorralada por fronteras temporales
NuestAmérica no es esclava de hijos pródigos
títeres entrenados
a ser perros dictadores
NuestrAmérica se lleva tanto debajo de los pies
como en el corazón

NuestrAmérica ha sufrido desde que
con una espada en forma de cruz
le volaron el sin fin de lenguas que hablaba pero

NuestrAmérica también maldice a sus colonizadores con las lenguas
de los mismos
que la han torturado por más de medio milenio

NuestrAmérica no olvida nuestro pasado
ni teme nuestro futuro
porque sabe que
en el balance entre los dos
está la llave del presente

NuestrAmérica somos vos y yo
sin superioridad ni inferioridad
celebrando nuestras diferencias
uniéndonos en luchas comunes

¡NuestrAmérica no está desaparecida
está surgiendo de la clandestinidad!

Publicado en el poemario "Guatemalangelino". Publicado por Izote
Press, 2024.

NuestrAmérica (Our América)
GusTavo Adolfo Guerra Vásquez

NuestrAmérica is not a selfish land
cornered by temporal borders
NuestrAmérica is not a slave to prodigal sons
puppets trained
to be dictatorial dogs
NuestrAmérica is under our feet
as much as in our hearts

NuestrAmérica has suffered since
with a sword in the shape of a cross
they sliced the countless tongues it spoke, but

NuestrAmérica also curses its colonizers with the languages of the
same people
who have tortured it for more than half a millennium

NuestrAmérica does not forget our past
nor fear our future
because it knows that
in the balance between the two
lies the key to the present

NuestrAmérica is you and I
without one being better than the other
celebrating our differences
uniting in common struggles

NuestrAmérica is not disappeared
it is emerging from its clandestine status!

Published in the poetry collection "GuatemaLAngelino." Published
by Izote Press, 2024.

GusTavo Adolfo Guerra Vásquez, poeta y artista multidisciplinario, es perito en diversidad, equidad e inclusión y vive en tierra Tongva, Los Ángeles California. Durante su carrera que supera los veinte años con el condado de Los Ángeles y el gobierno federal, GusTavo ha liderado equipos en la prevención, educación, documentación e intervención contra el odio. Oriundo de Guatemala, fue llevado a Los Ángeles a la edad de ocho años. GusTavo cursó una licenciatura en Literatura latinoamericana y latina en la Universidad de California en Santa Cruz y se recibió con honores en la especialización y de la universidad. GusTavo obtuvo un Masters y avanzó a la candidatura al doctorado en Estudios étnicos con un énfasis en Estudios de la mujer, género y sexualidad en la Universidad de California en Berkeley. GusTavo también posee un certificado avanzado en mediación de conflictos y se especializa en impartir capacitaciones para fortalecer la diversidad, equidad e inclusión. Su labor artística ha sido incluída en antologías académicas y poéticas en inglés y español incluyendo su libro artesanal, "GUATE-MALANGELINO" (Izote Press) GusTavo ha co-fundado colectivos poéticos y participado en giras literarias. Él usa sus presentaciones para inspirar a jóvenes y adultos a ser "gente en sanación que inspira sanación."

GusTavo Adolfo Guerra Vásquez, a poet and multidisciplinary artist, is an expert in diversity, equity, and inclusion and lives on Tongva land, Los Angeles, California. During his over twenty-year career with the County of Los Angeles and the federal government, GusTavo has led teams in hate prevention, education, documentation, and intervention. A native of Guatemala, he was brought to Los Angeles at the age of eight. GusTavo earned a BA in Latin American and Latino Literature from the University of California, Santa Cruz, with college honors and honors in the major.. GusTavo earned a Master's degree and advanced to doctoral candidacy in Ethnic Studies with an emphasis in Women's, Gender, and Sexuality Studies from the University of California, Berkeley. GusTavo also holds an advanced certificate in conflict mediation and specializes in providing trainings to strengthen diversity, equity, and inclusion. His artistic work has been included in academic and poetry anthologies in English and Spanish, including his chapbook, "GUATEMALANGELINO" (Izote Press). GusTavo has co-founded poetry collectives and participated in spoken word tours. He uses his performances to inspire young people and adults to be "healing people healing people."

Puma Tzoc

El autorretrato es de 1994. Tinta.

Ixchel

Por Puma Tzoc

Loq'alaj ajaw uk'u'x kaj uk'u'x ulew
uk'u'x kaqiq' ukux ri ja'
loq'alaj tz'aqol b'itol
maltyox chechalaq che ri sipanikla
maltyox loq'alaj tuj.

Cómo plumaje de Quetzal
caminas tejiendo historias y sonrisas,
con tus pasos me vas enseñando y recordando lo hermoso de la
niñez
que me transforma en un solo ser contigo.

Con cada caricia de tus manos sanas y llenas mi corazón de amor y
ternura como piedra de jade,
tu dulce sonrisa me cautiva y las abuelas se regocijan a tu lado.
Que las aguas cristalinas y el sonar de la lluvia te acompañen siempre
que el calor de las abuelas piedras y el venerable fuego
purifiquen tu ser como el primer día de tu llegada en esta bendita
tierra.
Hoy danza la abuela luna con la guerrera jaguar
Ixchel Ocelotzin.
Hoy danza el padre sol
hoy danzan todos animales,
así como el primer día y recordando tu llegada.

Tan fértil como nuestra madre tierra que va curando y sanando con
sus sagradas medicinas
tu lindo ser esta tan lleno de amor, y que ésta siempre se refleje en
tus creaciones, en tus tejidos, en tu arte.
Sigue tejiendo tu camino con la guía de tus ancestros
Sigue creando y dibujando sonrisas
Sigue danzando con los de pelo blanco, aquellos abuelos y abuelas
sabias que te van guiando en el saq b'e,
que el brillo de las estrellas siempre se reflejen en esos ojos hermo-
sos y profundos que nos hacen recordar lo hermoso de la vida y de
tu llegada.

Glosario
"El saq b'e"; En Maya (Q'eqchi' o K'iche'), "el camino de luz".

Ixchel
By Puma Tzoc

Loq'alaj ajaw uk'u'x kaj uk'u'x ulew
uk'u'x kaqiq' ukux ri ja'
loq'alaj tz'aqol b'itol
maltyox chechalaq che ri sipanikla
maltyox loq'alaj tuj.

Like the plumage of a Quetzal,
you walk, weaving stories and smiles.
With your steps, you teach me and remind me of the beauty of
childhood,
which transforms me into one being with you.

With each caress of your healing hands, you fill my heart with love
and tenderness like a jade stone.
Your sweet smile captivates me, and the grandmothers rejoice at
your side.
May the crystal-clear waters and the sound of the rain accompany
you always.
May the warmth of the grandmother stones and the venerable fire
purify your being as they did on the first day of your arrival on this
blessed land.
Today, Grandmother Moon dances with the jaguar warrior Ixchel
Ocelotzin.
Today, Father Sun dances.
Today, all the animals dance,
just as on the first day, remembering your arrival.

As fertile as our Mother Earth, who heals and heals with her sacred
medicines,
your beautiful being is so full of love, and may it always be reflected
in your creations, in your weaving, in your art.
Continue weaving your path with the guidance of your ancestors.
Continue creating and drawing smiles.
Continue dancing with those with white hair, those wise grandfa-
thers and grandmothers who guide you in the saq b'e.
May the brilliance of the stars always be reflected in those beautiful,
deep eyes that remind us of the beauty of life and of your arrival.

Glossary

"El saq b'e" translates from Mayan (likely Q'eqchi' or K'iche') to "the way of light" or "path of light".

Je'lala Tz'unun rech ri saqilb'al

Por Puma Tzoc

Abro los ojos y agradezco el privilegio que me has dado,
privilegio de tenerte a mi lado y verte tan hermoso.
¿Qué ha pasado con la sonrisa de bebé?
¿Qué ha pasado con tu voz?
¿Cómo has crecido? ... hermosamente, sí.

Ese pequeño ser que llegó a mi vida para cambiarme
ahora ya ha crecido,
Aquel pequeño colibrí del amanecer que vi llegar a este plano
aquel tz'unun que me trajo su amor hermoso,
aquel tz'unun que me ha enseñado a sonreir y conectarme con mi
niño interior,
así como crece ri loq'alaj Ixim asi vas creciendo.
Katin loq'oj.

Agradezco los días en que todavía me tomas de la mano cuando
caminamos en la
calle,
tus abrazos, tus juegos que ahora son un poquito toscos pero diver-
tidos y amorosos,
y aunque a veces no quiero, siempre sacas en mi ese niñito a quien
le gusta jugar.

Tus sonrisas de bebé ya no son como antes
pero sigues transmitiendo en ella mucha ternura, hermosura,
alegría...
mi pequeño colibrí hermoso del amanecer, siempre lleno de mucho
amor.

Je'lala Tz'unun rech ri saqilb'al
By Puma Tzoc

I open my eyes and thank you for the privilege you've given me,
the privilege of having you by my side and seeing you so beautiful.
What happened to your baby smile?
What happened to your voice?
How have you grown? ...beautifully, yes.

That little being who came into my life to change me
has now grown,
That little hummingbird at dawn that I saw arrive on this plane,
that tz'unun who brought me his beautiful love,
that tz'unun who has taught me to smile and connect with my inner
child,
just as it grows, ri loq'alaj Ixim, so you grow.
Katin loq'oj.

I'm grateful for the days when you still hold my hand when we walk
down the street,
for your hugs, for your games that are now a little rough but fun and
loving,
and even though sometimes I don't want to, you always bring out
that little boy in me who loves to play.

Your baby smiles aren't what they used to be,
but you still transmit so much tenderness, beauty, joy...
my beautiful little hummingbird of dawn, always filled with so
much love.

Intitulado I
   Por Puma Tzoc

Tan cerca pero tan lejos,
entre el infinito del corazón del cielo
entre la belleza de nuestra madre tierra
una esencia mágica y única,
¿qué nos quieres decir ?
que nos quieres hacer recordar ?

Fácil es complicarse y tan fácil no complicarse en hacerlo tan complicado...
Que los caminos sean blancos
que los caminos sean planos
Y si nos resbalamos, agarrémonos de la mano para juntos levantarnos y caminar.
Gracias por las enseñanzas.

El camino el largo y aveces duro,
pero más largo y fuerte es nuestra resiliencia
le saq b'e kaqilapoq sí,
el camino blaco ya lo estamos viendo
porque hemos despertado así como las montañas.
hemos despertado así como el movimiento de keb'raqan

Glosario
Keb'raqan; Dios de los Terremotos o terremoto (en K'iche')

Untitled I
   By Puma Tzoc

So close yet so far,
between the infinity of the heart of the sky
between the beauty of our mother earth
a magical and unique essence,
what do you want to tell us?
what do you want us to remember?

It's easy to complicate things, and so easy not to complicate things
by making them so complicated...
May the roads be white
may the roads be flat
And if we slip, let's hold hands to get up together and walk.
Thank you for the teachings.

The road is long and sometimes hard,
but longer and stronger is our resilience
le saq b'e kaqilapoq yes,
we are already seeing the white road
because we have awakened just like the mountains.
we have awakened just like the movement of keb'raqan

Glossary
Keb'raqan; God of Earthquakes or earthquakes (in K'iche')

K'astajinem (despertar)
Por Puma Tzoc

Xoj k'astaj k'ut qonojel
xb'an ri walijem xb'an ri sik'inik chqajujunal
qonojel ri ajwaralib' xoj walijik
maj k'u jachin ka ch'uquj chi ri qa ch'awem
ri qatit qamam junq'ij xe b'ixanik junq'ij xetzijon choch ri loq'alaj
q'aq
jun q'ij xe xojow ruk ri loq'alaj q'aq
jun qij kut xki tz'onoj ri jamaril ri kikotemal puwi ri uwachulew
jun q'ij xkiya maltyoxinik cho ri loq'alaj kaj
koj riqitaj b'a ri che ri qa toik chirib'ilomtaq qib'
xoj walij k'ut ri nan xoj walij k'ut ri tat.

Tajin kakina' ri uchoq'ab' ri keb'raqan
qonojelk'ut xqamulij qib'
konojel ri qajil qatz'aqat pari kajib' uxkut ri loq'alaj uwachulew
xqamulij qib' tajin kaqayek ri qachawem che we q'ij kamik ri
jacha ri loq'alaj ixim ubanom umulim rib' chrij ri loq'alaj jal
oj k'olik ri qonojel qamulimqib'
qatoob'aqib' chqalaq'apujb'aqib'.

Árbol de luz
Por Puma Tzoc

¿Dónde quedaron las hojas que un día el viento se llevó?
Aquellas que un día el árbol de luz soltó para verlo y dejarlo caminar.
Aquella hoja que ha recorrido varios senderos,
aquella que con el acariciar del viento suben y bajan
o simplemente enloquecen y dan vueltas bailando con ella.

¿Dónde quedó esa hoja?
Que un día vio como el sol salía con todo regocijo y alegría para
acompañar a los seres de la tierra,
aquella hoja que una noche acompañó a la estrella más hermosa
junto al mar y la luna llena,
plasmando una historia que ya estaba escrita en donde bailaron con
amor bañados de aguas cristalinas.

Aquella hoja que buscaba la encontré de nuevo, ahora más fuerte y
verde de tanta experiencia.
Experiencia que fue adquiriendo en su lapso de separación con el
árbol de luz.
Esa hoja regreso a su lugar de origen ahora con más claridad y fuerza,
aquella hoja subió de nuevo al árbol de luz, se colocó en lo más alto
del árbol,
y así desde ahí gritó con regocijo y alegría "aquí estoy alegre y
fuerte y aquí no me voy porque aquí pertenezco"

Maltyox uk'ux kaj Maltyox uk'ux ulew Maltyox loq'alaj ajaw tz'aqol
b'itol.

Tree of Light
   By Puma Tzoc

Where are the leaves that the wind once blew away?
Those that the tree of light once released to see it and let it walk.
That leaf that has traveled many paths,
that with the caress of the wind rise and fall,
or simply go crazy and spin, dancing with it.

Where is that leaf?
That one day saw the sun rise with all its joy and happiness to accompany the beings of the earth,
that leaf that one night accompanied the most beautiful star by the sea and the full moon,
shaping a story that had already been written where they danced with love bathed in crystalline waters.

I found that leaf I was searching for again, now stronger and greener from so much experience.
Experience that it acquired during its time apart from the tree of light.
That leaf returned to its place of origin, now with more clarity and strength.
That leaf climbed back up the tree of light, placed itself at the very top of the tree,
and from there it shouted with joy and happiness, "Here I am, happy and strong, and I'm not leaving because
I belong here."

Maltyox uk'ux kaj Maltyox uk'ux ulew Maltyox loq'alaj ajaw tz'aqol b'itol.

Intitulado II
Por Puma Tzoc

Ya te había visto antes y vos a mí,
nuestros corazones se habían reconocido.
Tal vez en un tiempo nos alejamos
tal vez en el pasado fuimos uno solo.

Mirarte, hablarte, escucharte es un privilegio,
el privilegio más hermoso y único que me has dado,
porque cada que te veo me llenas el alma
tanto que me sumerjo en vos para alcanzarte.

Me llenas tanto que mis pensamientos se vuelven inspiración,
tanto que mis dedos desean trazar las líneas en vos,
me llenas tanto que mi sangre se vuelven tintas
que llenan mi ser de rojo amor.

Hoy alcé la mirada y nuevamente te encontré
me miraste fijamente y eso bastó para enamorarme,
tu mirada tan pura como el mismísimo color a tu piel,
ser hermosa que me ha hechizado y enamorado.

Te miré a los ojos con un sentimiento hermoso
los míos agradecidos estaban porque vieron brillar completa alegría
y una hermosura en los tuyos,
no sé que es pero me haces sentir lleno.

No sé pero me enamoré de vos,
sí de vos la que me mira y me escucha
la que me habla y me enseña,
de voz me enamoré, de vos soy.

Untitled II
By Puma Tzoc

I'd seen you before, and you saw me before.
Our hearts had recognized each other.
Perhaps we once drifted apart,
perhaps in the past we were one.

Seeing you, speaking to you, listening to you is a privilege,
the most beautiful and unique privilege you've given me,
because every time I see you, you fill my soul
so much that I immerse myself in you to reach you.

You fill me so much that my thoughts become inspiration,
so much that my fingers long to trace the lines in you,
you fill me so much that my blood turns to ink
that fills my being with red love.

Today I raised my gaze and found you again.
You looked at me intently, and that was enough to make me fall in
love.
Your gaze was as pure as the very color of your skin,
a beautiful being who has enchanted and enamored me.

I looked into your eyes with a beautiful feeling
Mine were grateful because they saw complete joy shine
and a beauty in yours,
I don't know what it is, but you make me feel full.

I don't know, but I fell in love with you,
yes, with you, the one who looks at me and listens to me,
the one who speaks to me and teaches me,
I fell in love with your voice, I am yours.

La luna
    Por Puma Tzoc

Atalaj ala
atalaj ali
jas che na ka ch'aw taj pa ri a ch'ab'al
na utz ta la le ka b'ano
jas che ka k'ixik
ka k'ixik ka k'ixik ka k'ixik
in kin b'ij cher are ri a tat ajmak
in kin bij cher are ri a nan ajmak
xa rumal cher na xki k'ut ta chawach at
ma je choq ri are ke k'ixik
Ke k'ixik ke k'ixik ke k'ixik

Na je' ta k'ut
na at taj aj mak na at taj
na are ta ajmakib'   na are taj
are ri e winaq ke jech'unik
are ri e winaq koj jech'unik
are ajmakib'.
Are are are ajmakib'

Intitulado III
By Puma Tzoc

Vos, patojito
vos, patojita
¿Por qué no hablas en tu lengua nativa?
Lo que hacés no está bien
porque te avergonzás
yo digo que tu papá es el culpable
yo digo que tu mamá es la culpable,
porque ellos no te lo enseñaron
porque ellos también se avergonzaban,
se avergonzaban, se avergonzaban, se avergonzaban.

NO vos no sos el culpable
NO ellos no son los culpables
ellos no lo son
es está sociedad discriminatoria y racista
es está sociedad que nos discrimina y nos excluye,
ellos, ellos son los culpables.

Tan lejos y tan cerca,
pienso que no te tengo a mi lado
pienso que me has abandonado
te pienso... y apareces justo en el tiempo y espacio designado.
Me acaricias con todo tu amor y frescura
me haces recordar que estoy mal,
que nunca me has abandonado
que siempre has estado ahí para mí,
que con sólo recordarte y pensarte
me haces ver que existes para mí.
Que sin tu respirar, sin tu frescura y tu amor yo no existo,
que sólo tengo que pensarte para que llegues a mí para acariciarme,
que formo parte de vos como vos de mí.

Somos inseparables?
vivo para vos y quiero amarte
vivo para vos y quiero acariciarte
vivo para vos y muero por vos
cuando mi cuerpo deje de existir me llevaras contigo

porque aún así cuando llega mi cuerpo a ser polvo de nuevo
llegarás y con un soplo tuyo me llevaras para acompañarte y caminar a tu lado eternamente.

Untitled III
  By Puma Tzoc

You, young boy
You, young lady
Why don't you speak your native language?
What you're doing isn't right
Because you're ashamed
I say your dad is to blame
I say your mom is to blame,
Because they didn't teach you
Because they were ashamed too,
They were ashamed, ashamed, ashamed.

NO, you're not to blame
NO, they're not to blame
They're not to blame
It's this discriminatory and racist society
It's this society that discriminates against us and excludes us,
They, they are to blame.

So far away and yet so close,
I think I don't have you by my side
I think you've abandoned me
I think of you… and you appear right at the appointed time and
place.
You caress me with all your love and freshness.
You remind me that I'm not well,
that you've never abandoned me,
that you've always been there for me,
that just remembering and thinking about you makes me see that
you exist for me.
That without your breath, without your freshness and your love, I
don't exist.
That all I have to do is think of you for you to come to me and caress
me,
that I'm a part of you as you are of me.

Are we inseparable?
I live for you and I want to love you.

I live for you and I want to caress you.
I live for you and I die for you.
When my body ceases to exist, you will take me with you.
Because even when my body turns to dust again,
You will arrive, and with a breath from you, you will take me to accompany you and walk by your side forever.

Camino al Sol
Por Puma Tzoc

Esperanza se llamaba
emprende su camino con llanto y tristeza en busca de un nuevo sol,
dejando su tierra y hogar atrás
esperanza tenía de darle a su familia un futuro mejor
esperanza su familia tenía de volverla a ver
esperanza se daba a sí misma cuando por la camioneta iba
casas, carros, gente caminando, niños jugando veía por la ventana,
mientras la camioneta avanzaba y atrás su familia dejaba llorando.

Va caminando sin dejar de pensar ni un minuto en su familia,
mirando hacia adelante y motivándose para no desfallecer
esperanza tenía de dar por terminada la caminata que no veía fin
esperanza tenía de llegar hacia la montaña y así ver desde ahí el sol
que anhelaba para su familia
esperanza, esperanza, esperanza.

Esperanza se cansó, a esperanza la asesinaron
a esperanza lo mató el gobierno y el sistema,
un sistema fallido que genera odio y rechazo la cual impulsó a esperanza a dejar sus tierras en busca de un nuevo sol, y la esperanza de
darle a su familia un mejor futuro pero.. solo encontró la muerte.
A esperanza le llora su familia
a esperanza la recuerdan
a esperanza le dan sus flores y le gritan
¡Esperanza estás viva y tu sol brilla!

Road to the Sun
By Puma Tzoc

Her name was Esperanza.
She set out on her journey with tears and sadness in search of a new
sun, leaving her land and home behind.
She had hope of giving her family a better future.
Her family had hope of seeing her again.
She gave herself hope as she drove through the truck.
She saw houses, cars, people walking, children playing through the
window,
as the truck moved forward and left her family crying behind.

She walked on, never stopping to think about her family,
looking ahead and motivating herself not to give up.
She had hope of finishing the endless walk.
She had hope of reaching the mountain and from there seeing the
sun she longed for for her family.
Hope, hope, hope.

Esperanza grew tired; Esperanza was murdered.
Esperanza was killed by the government and the system,
a failed system that generates hatred and rejection, which drove
Esperanza to leave her lands in search of a new sun, and the hope of
giving her family a better future, but... she only found death.
Esperanza's family mourns.
Esperanza is remembered.
Esperanza is given flowers and shouts, "Esperanza, you are alive
and your sun is shining!"

Kaqiq' (aire viento)

Ik'
Por Puma Tzoc

Caminando te encontré
sintiendo la brisa del viento, el primer aliento.
Alzo de nuevo la mirada y te miro
veo que me observas muy atenta.

Cuanto amor existe a tu alrededor,
cuanto amor existe en tu ser
gracias por estar en mi vida
gracias porque siempre has estado conmigo
gracias por tanta dulzura.

Como el arcoíris mismo a tu alrededor
así tu amor incondicional hacia mí
como el arcoíris mismo a tu alrededor
así tu pureza y tranquilidad,
a veces quieta, a veces con mareas
pero siempre tan hermosa .

Las ramas de los árboles creando siluetas,
siluetas que son los abrazos tan cálidos y únicos que te caracterizan
abrazos tan fuertes que extraño recibir todos los días
abrazos que me hacen perderme en vos.

Luna hermosa gracias por tu mirada
luna hermosa gracias por tu sonrisa
luna hermosa gracias por tu enseñanza
y por todo lo que me compartes.

Mi luna hermosa gracias por existir
gracias por llenarme tanto de tu amor.

Kaqiq' (air, wind)

Ik'

By Puma Tzoc

Walking, I found you
feeling the breeze, the first breath.
I raise my gaze again and look at you
I see that you are watching me very closely.

So much love exists around you,
so much love exists in your being
thank you for being in my life
thank you for always being with me
thank you for so much sweetness.

Like the rainbow itself around you
so your unconditional love for me
like the rainbow itself around you
so your purity and tranquility,
sometimes still, sometimes with waves
but always so beautiful.

The branches of the trees creating silhouettes,
silhouettes that are the warm and unique hugs that characterize you
hugs so strong that I miss receiving every day
hugs that make me lose myself in you.

Beautiful moon, thank you for your gaze.
Beautiful moon, thank you for your smile.
Beautiful moon, thank you for your teachings.
And for everything you share with me.

My beautiful moon, thank you for existing.
Thank you for filling me with so much of your love.

Puma Tzoc es un inmigrante, intérprete Maya K'iche', poeta, hombre de ceremonia, artista-artesano, padre e hijo. Es originario de Ixim ulew (Guatemala) del municipio de Nahualá que originalmente se conoce como Nawal Ja' (espíritu del agua).

En su faceta como escritor, sus inspiraciones son la naturaleza y todo lo que le rodea. Así mismo se basa mucho en el amor a la luna, las estrellas y el regalo más grande que es la vida misma, interpretadas en su lengua materna K'iche' que lo conectan al mundo espiritual de sus ancestros. Varios de sus escritos también hablan de la lucha y la resiliencia de los pueblos originarios, viniendo de una perspectiva vivida. Entreteje su poesía con el trabajo que realiza en la lucha y preservación de las lenguas originarias con la espiritualidad y los conocimientos heredados por sus antepasados.

Honrando la conexión directa de nuestras lenguas ancestrales, Puma empezó su trabajo de interpretación en respuesta a la necesidad e injusticia que reciben las personas detenidas. Su trabajo se enfoca en la justicia de lenguaje en defensa de los pueblos originarios en los Estados Unidos, usando la interpretación como una herramienta para integrar temas de justicia social, cultural y espiritual.

Puma ha caminado por varios estados de norteamérica y actualmente reside en Hillsboro, OR. En su tiempo libre, le gusta escribir, danzar, salir a correr, y estar con su familia.

Puma Tzoc is an immigrant, K'iche' Maya interpreter, poet, man of ceremony, artist-artisan, father, and son. He is originally from Ixim ulew (Guatemala), in the municipality of Nahualá, originally known as Nawal Ja' (spirit of water).

As a writer, his inspiration is nature and everything that surrounds him. He also draws heavily on his love for the moon, the stars, and the greatest gift of life itself, interpreted in his native K'iche' language, which connects him to the spiritual world of his ancestors. Several of his writings also speak of the struggle and resilience of indigenous peoples, coming from a lived perspective. He interweaves his poetry with the work he does in the struggle and preservation of indigenous languages, along with the spirituality and knowledge inherited from his ancestors.

Honoring the direct connection of our ancestral languages, Puma began her interpretation work in response to the need and injustice experienced by detained individuals. Her work focuses on language justice in defense of Native American peoples in the United States, using interpretation as a tool to integrate themes of social, cultural, and spiritual justice.

Puma has walked across several North American states and currently resides in Hillsboro, OR. In her free time, she enjoys writing, dancing, running, and spending time with her family.

Ximena Soza (Chile)

Identidad

Por Ximena Soza

Soy la lavandera de los dolores que nunca se borraron.
¿Quién esconde sus cicatrices?
Soy la mejor amiga de la nostalgia,
y anfitriona de la cena del hambre,
¿Quién muerde el vacío?
Soy de los arcos y los portones,
soy de la grama y la vereda.
soy de mercado, de tianguis, de flea market,
soy todas las ciudades en las que viví y las que adivine desde una
ventana en movimiento,
¿Quién es la que nunca cruzará los mares de su isla?

Soy caminante anónima, sin carnet.
¿De quién son los huesos que se convirtieron en arena?
Soy transeúnte con pasaporte al día
¿Quién es el que trazó la línea divisoria del infinito, desgarrando a
la tierra, ley tras ley?

Soy del barro, soy del MET y soy del Louvre,
desafíe las leyes de la gravedad y la de immigragracion
dejé un hueco en el pasado
Y me vacié casi entera en una despedida.
¿Quién aguardó un regreso que confundió su camino?

Soy la que ha sabido, apelar a la sentencia a muerte de lo que nunca
fue,
ser el mejor pronóstico del qué dirán,
¿Quién se mece en la profecía auto cumplida del fracaso?

Soy la que hace bailar sus dientes con desenfreno,
la que los dejar castañar en una danza gitana sin maldiciones
¿Quién tiene una sonrisa carcomida?

Soy la que tiene una relación de amor y de odio con la fe,
pero mientras el esqueleto de un amado este desgastándose en la

arena,
mientras haya una nieta con una genética que no entiende explica-
ciones
mientras haya una ninia que no conoce más mundo que su cerca
mis esperanzas no se habrán convertido en verbo.

Mientras se escuche el eco de los estómagos vacíos,
mientras haya una espera sin remedio,
mientras haya alguien dueño solo de los sueños que la realidad nunca escogió
no seré yo más que un inconcluso

Mientras haya alguien que llore por sus venas
en el silencio de un dolor, que solo con dolor puede conjugarse
yo también estaré aquí,
desangrada

Identity
> *By Ximena Soza*

I am the washerwoman of the sorrows
that were never erased.
Who hides their scars?
I am nostalgia's best friend,
and hostess of a dinner of hunger,
Who bites emptiness?
I am from the arches and the gates,
I am from the grass and the sidewalk.
I am from the market, of the flea market,
I am from all the cities I lived in and those I glimpsed from a moving window,
Who is the person who will never cross the seas of her island?

I am an anonymous transient, without a license.
Whose bones turned to sand?
I am a passerby with an up-to-date passport.
Who drew the dividing line of infinity, tearing the earth apart, law after law?

I am from the mod, I am from the MET, and I am from the Louvre,
I defied the laws of gravity and the laws of immigration
I left a hole in the past
And I emptied myself almost entirely in a farewell.
Who waited for a return that did not find its path?

I am the one who has known how to appeal to the death sentence of that who she never was,
The one that become the best prediction what was said I would be,
Who sways in the self-fulfilling prophecy of failure?

I am the one who makes her teeth dance wildly,
The one who lets them chatter in a gypsy dance without the curses
Who has a gnawed smile?

I am the one who has a relationship of love and hate with faith,
but as long as the skeleton of a loved one is dissolving in the sand of the desert,

as long as there is a granddaughter with genetics that don't understand explanations
as long as there is a little girl who knows no more world beyond her
own fence

my hopes will not have become a verb.

As long as the echo of empty stomachs is heard,
as long as there is a hopeless wait,
as long as there is someone whose dreams reality never chose,
I will be nothing more than unfinished.

As long as there is someone who cries through their veins
in the silence of a pain that can only be conjugated with more pain,
I will also be here,
bled dry.

Gaza

Por Ximena Soza

Debajo del polvo que se levanta
en el horizonte de un día
     que se parece a tantos otros días de genocidio en Gaza
corre alguien y más de alguien que parece haber perdido
su nombre
     bajo los números de la muerte.
Pero ese alguien y más de alguien ha de tener a un otro alguien que
lo llama
    O que ha dejado de llamarlo, porque su voz, también se hizo
silencio.

Gaza

By Ximena Soza

Beneath the dust that rises
in the horizon of this day,
     similar to many other days of genocide in Gaza
someone or more than someone seems to have lost
their name
under the numbers of death.
But that someone must have another someone who calls them
    or someone that perhaps has stopped calling, because their
voice has become silent.

Despedida

Por Ximena Soza

Sabiendo que todo es posibilidad decidí partir.
Desafiando al viento y a la noche me vine.
sin entender verdaderamente el tamaño del adiós,
me despedí de tus grandes ojos tristes, que resignados a su destino
de lágrimas,
enjugaron mi última imagen húmeda, en silencio.
dejé en la arena una huella que grano a grano se borró para siempre.

Farewell
By Ximena Soza

Knowing that everything is possible, I decided to leave.
Defying the wind and the night, I came.
Without truly understanding the magnitude of goodbye,
I said goodbye to your large, sad eyes, which, resigned to their fate of tears,
wiped away my last wet image, in silence.
I left in the sand a footprint that, grain by grain, was erased forever.

Frontera I

Por Ximena Soza

Los nombres
de letras mudas
no solo lo enjugan los pañuelos
de quienes los lloran a un lado
y de quienes los esperan al otro,
sus nombres están grabados
con tinta y con lágrimas
en estas hojas,
hijas de la propia historia
        la de los abuelos que cruzaron los desiertos del mar,
madres de una consciencia que no se resigna a dejar
que los hombres y mujeres,
que vienen buscando
la otra orilla del dolor
mueran o vivan sin nombre
            ni apellido
y abuelas de la esperanza de que los que llegan
bordeando el abismo de la incertidumbre
puedan ser
aquello que siempre estuvieron llamados a ser
sin fronteras.

Borders I
> *By Ximena Soza*

The names
of mute sounds
are not just called by the grief
of those who mourn them
     in one side
     or those waiting on the other,
their names are engraved
with ink and tears
on these prints,
     sons of the history
of grandparents who crossed the deserts of the sea
     fathers of a consciousness that refuses
 to let the men and women, who come seeking the other side of
pain,
die or live without a name or last name

     and grandfathers of the hope
that those who come
walking on the abyss of uncertainty
can be
what they were always meant to be,
without borders.

Frontera II

Por Ximena Soza

Los pájaros deshilachados
cortan la espesura del cielo con sus alas.
Carcomidas sus plumas por el aire reseco,
apenas flotando
embriagados por el olor a muerte.
son ellos los únicos
que en su vuelo hambriento
conocen el destino que en la arena
han perdido los perdidos.

Las piedras desgastadas por el tiempo,
refugio de lagartijas de espaldas quebrajadas
se han quedado cómplices y guardianas,
    testigos silenciosos,
del secreto de tantos que llegan o se van.
Solo las líneas de sus manos
        cuales brújulas de la memoria
llevan escritos los caminos,
que tuvieron que encontrar, los encontrados .

Borders II
> *By Ximena Soza*

Frazzled Birds
cut the thickness of the sky with their wings.
With feathers gnawed by the dry air,
hardly floating
intoxicated by the smell of death.
They and they alone,
are the ones that in their flight of hunger
know the destiny that in the sand
the lost ones have lost.

The time-worn stones,
hiding place of the cracked backs lizards
have stayed as guardians and accomplices,
    as silent witnesses,
of the secret of those who arrived or left.
Only the lines of their hands
        as compasses of memory
have written the roads
that had to be found by the ones that found their way.

Cuatro Estaciones
Four Seasons
1. Un otoño para olvidar
   Por Ximena Soza

Las hojas se retorcerán
en su rigor mortis
de volteretas interminables
hasta deshacerse
en montones anónimos de basura orgánica.
Aquellos rojos, parecidos a sus rojos,
se desteñirán
en las sombras del invierno,
así como su recuerdo se irá perdiendo
poco a poco, en los tumultos de las nieves y las navidades.
Los recuerdos de él
también se irán despegando de su mente,
uno a uno,
como las hojas de las ramas
y el destello pálido del sol
en las veredas lo hará brillar por su ausencia.
El otoño llegará
con un vestigio de la tibieza de las tardes de verano que pasaron
juntos
y el invierno lo seguirá muy de cerca.
La primavera se devolverá
luciendo los aromas de otros, no los suyos
y el verano irremediablemente
volverá
haciendo rechinar su ardor
sin ellos.

1. An Autumn to forget

By Ximena Soza

The leaves will twist
in their rigor mortis
of endless somersaults
until they dissolve
into anonymous piles of organic waste.
Those reds, similar to her reds,
will fade
in the shadows of winter,
just as his memory will gradually fade
in the tumults of snow and Christmas.
The memories of him
will also peel away from her mind,
one by one,
like the leaves from the branches,
and the pale glimmer of the sun
on the sidewalks will make him conspicuous by his absence.
Autumn will arrive
with a vestige of the warmth of the summer afternoons they spent
together,
and winter will follow close behind.
Spring will return
sparkling the scents of others, not its own,
and summer will inevitably
return
sparkling its ardor
without them.

2. Lo que guarda el invierno
Por Ximena Soza

Las ramas parecerán acompañarse en su duelo
    después de que las últimas hojas caigan.
El invierno se parecerá a la muerte
    en su vacío helado.
El sol parecerá un espejismo lejano
    que no alcanzará para abrigar
    el reumatismo de las soledades.

Pero aunque las ramas aparenten oscuro luto
estarán solo esperando
limpias y calladas los brotes que nacerán en primavera.
Y aunque el invierno se vea como un montón de huesos abandona-
dos
su corazón estará palpitando en el silencio.
Y hasta si el sol parece brillar solo, en las ventanas sin alma
estará regresando de su viaje redondo
acercándose cada día más como un tren en marcha.

En invierno todo parece perdido
pero en verdad todo está preparándose
en secreto
para ser encontrado.

2. What Winter Holds
By Ximena Soza

The branches will seem to accompany each other in their mourning
after the last leaves fall.
Winter will resemble death
in its frozen emptiness.
The sun will seem like a distant mirage
that will not be enough to warm
the rheumatism of solitude.

But even if the branches appear to be in dark mourning,
they will be waiting
clean and silent for the buds that will emerge in spring.
And even if winter looks like a pile of abandoned bones,
its heart will be beating in silence.
And even if the sun seems to shine alone, in the soulless windows,
it will be returning from its round trip,
drawing closer each day like a moving train.

In winter, everything seems lost,
but in truth, everything is preparing
in secret
to be found.

3. Primavera
Por Ximena Soza

Más tarde o más temprano, llegó la primavera.
El verdor,
así como el amor
no les llegó al unísono;
sus primaveras cantaron a destiempo
y las palabras de sus corazones no brotaron a una voz.
Pero en el silencio de los capullos de él
Y en el ruido de los jardines florecidos de ella,
Se escuchaba la misma canción.

3. Spring
By Ximena Soza

Sooner or later, spring came.
The greenery,
like love,
did not come to them in unison;
their springs sang out of time,
and the words of their hearts did not spring at the same time.
But in the silence of his buds,
and in the noise of her flower-filled gardens,
the same song could be heard.

4. Qué seremos
Por Ximena Soza

Qué seremos
mientras lo que alguna vez fuera primavera
se reseque bajo el sol.
Qué seremos
cuando las tardes se tiendan sofocadas.
Qué seremos
mientras las fuentes de agua recalentada
corran sin un destino de sed.
Qué seremos
mientras los charcos extinguidos
evaporen su antigua humedad.
Qué seremos
cuando las lagartijas se hayan hecho dueñas del mediodía.
Qué seremos
cuando las luciérnagas se apaguen.
Qué seremos
cuando las polillas se hayan comido la noche
Como una manta de recuerdos.
Qué seremos
cuando una mañana no seamos nada.

4. What will we be
By Ximena Soza

What will we be
while what once was spring dries under the sun.
What will we be
when the afternoons become stifled.
What will we be
while the heated springs run without thirst.
What will we be
while the extinguished puddles evaporate their ancient moisture.
What will we be
when the lizards have taken over midday.
What will we be
when the fireflies turn off their light.
What will we be
when the moths have eaten the night.
Like a blanket of memories.
What will we be when one morning we are nothing.

Nos Fuimos

Por Ximena Soza

Nos fuimos
De a poco nos fuimos
nublando
como los cerros de San Francisco,
      como la tarde Londinense.
La niebla
fue cubriendo sus ojos
      y frágil en sus pupilas quedó la imagen de la que fui
      a punto de quebrarse.
La tarde
fue borrando mi boca,
      y tristes se desgastaron los dientes de lo que fue él,
      a punto de llorar.

De a poco nos fuimos
alejando
como los barcos que encuentran un camino en las olas que no vuelven,
como un pañuelo que se despide desde otra orilla,
ahogándonos en el mar de lo que nunca fuimos.

De a poco nos fuimos
  Perdiendo
  en las multitudes,
hasta quedar sin nombre,
sin dirección.
De a poco nos fuimos
Cada uno por donde habíamos llegado.

We Left
      By: Ximena Soza
We Left
Little by little, we
became cloudy
like the hills of San Francisco,
like the London afternoon.

The fog
covered his eyes
and the image of who I was remained fragile in his pupils,
on the verge of breaking.
The afternoon
erased my mouth,
and the sad teeth of what he was wore down,
on the verge of tears.

Little by little, we
moved away
like ships that find a path in the waves that never return,
like a handkerchief that waves goodbye from another shore,
drowning in the sea of what we never were.

Little by little, we left
Losing ourselves
in the crowds,
until we were left nameless,
without direction.
Little by little, we left
Each of us where we had come from.

Pueblo - Nación Mapuche
Por Ximena Soza

Canta vlcantufe, canta
canta en mapudungun que todos van a entenderte
canta una canción del pasado, ese que habita en las estrellas,
canta una canción del presente, como si en el presente se pudiera
cantar,
canta una canción de futuro, como si el futuro todavía existiera.

Sueña peumafe, sueña
sueña que no se ha ido la noche más larga,
sueña que aún es tiempo de esperar las cosechas,
sueña que no han mordisqueado tu tierra con un bulldozer
sueña que no han revuelto la tumba de tus abuelos,
sueña que la sangre de tus hijos aún está en sus venas
    no derramada.

Lucha weichafe, lucha
lucha con el corazón en las manos,
lucha junto a las fuerzas que llaman tu nombre,
lucha con honor, como si tuvieras a otro guerrero en frente de ti,
no a un montón de cobardes, que han cambiado el makvn por el
chaleco antibalas,
lucha con esperanza, como si la lucha fuera a ser justa,
lucha sin miedo, como si la justicia fuera a ponerse por fin de tu
lado.

Glosario

        Vlcantufe = Mapuche singer/storyteller
        Weichafe= warrior
        Peumafe=dreamer
        Makvn= mapuche traditional poncho for
        men.

Mapuche People - Nation
By Ximena Soza

Sing vlcantufe, sing, sing in Mapudungun, so everyone will understand you.
Sing a song from the past, the one that lives in the stars.
Sing a song from the present, as if the present was one we could sing about.
Sing a song from the future, as if the future still existed.

Dream, peumafe, dream,
dream that the longest night has not passed,
dream that there is still time to wait for the harvests,
dream that they have not devoured your land with a bulldozer.
dream that they have not disturbed your grandparents' graves.
dream that the blood of your children is still unspilled in their veins.

Fight, weichafe, fight
fight with your heart in your hands,
fight alongside the forces that call your name,
fight with honor, as if you had another warrior in front of you,
not a bunch of cowards who have traded their makvn for bulletproof vests,
fight with hope, as if the fight were going to be fair,
fight without fear, as if justice were finally going to be on your side.

Glossary

Vlcantufe = Mapuche singer/narrator
Weichafe = warrior
Peumafe = dreamer
Makvn = traditional Mapuche men's poncho.

Ximena Soza es una educadora, investigadora, escritora y artista visual, cuyo trabajo está siempre comprometido con la justicia social. Como artista Ximena ha participado en varias exposiciones colectivas e individuales, mostrando su trabajo centrado en tematicas de immigracion y derechos humanos en diferentes medias; piedra, metal, tejido y vidrio en museos y galerías de Estados Unidos e instalaciones públicas en Río de Janeiro, Santiago de Chile, Ciudad de Guatemala, cinco ciudades de Italia y Granada, España. Ella también ha curado varias exposiciones dentro de las que destacan fue "Intersectionality" en San Francisco y "Dreaming Wallmapu" en el Hearst Museum of Anthropology, en Berkeley,Como escritora Ximena ha trabajado con diferentes compañías de teatro y ha sido galardonada con varios premios literarios internacionales por su ficción. Su poesía ha sido presentada en múltiples exposiciones, complementando su obra y la de otros artistas. Sus artículos son publicados periódicamente en *Pressensa* y otras revistas. Como educadora, Ximena ha trabajado en áreas rurales y urbanas, dedicándose a la interculturalidad, el bilingüismo y la educación antirracista en Estados Unidos, Chile y España. Es Doctora en Filosofía o Educación Urbana y posee un Máster en Fundamentos Culturales de Educación, ambos de UW-Milwaukee. Anteriormente recibió una licenciatura en educación de la Universidad Academia de Humanismo Cristiano. Ahora se dedica a la creación de materiales didácticos para fomentar el uso de lenguas originarias de América Latina.

Ximena Soza is an educator, researcher, writer, and visual artist whose work is committed to social justice.

As an artist, Ximena has participated in several group and solo exhibitions, showcasing her work focused on immigration and human rights themes in various media—stone, metal, textile, and glass—at museums and galleries in the United States and public installations in Rio de Janeiro, Santiago, Chile, Guatemala City, five cities in Italy, and Granada, Spain. She has also curated exhibitions, including "Intersectionality" in San Francisco. As a writer, Ximena has worked with various theater companies and has received several international literary awards for her fiction. Her poetry has been featured in numerous exhibitions, complementing her work and that of other artists. Her articles are regularly published in Pressensa and other magazines. As an educator, Ximena has worked in rural and urban areas, focusing on interculturalism, bilingualism, and anti-racist education in the United States, Chile, and Spain. She holds a PhD in Philosophy and Urban Education and a Master's degree in Cultural Foundations of Education, both from UW-Milwaukee. She previously received a bachelor's degree in education from the Academy of Christian Humanism University. She now works on creating teaching materials to promote the use of indigenous languages of Latin America.

Inti García (Ecuador)

Sumak Kawsay en Ecuador
Por Inti García

Ecuador,

El supuesto centro del mundo.
La capital, Quito, se encuentra simultáneamente en el hemisferio norte y
sur,
en lo alto de las montañas, a 2800 metros sobre el nivel del mar.
Quizás la capital más alta del mundo,
si Bolivia decide entre La Paz o Sucre.
Cuesta respirar en el altiplano.
Los pulmones necesitan aclimatarse unos días.
Pueden ofrecerte mate de coca para aliviar tu sufrimiento.
Sí, esa coca, pero la natural.
No el polvo blanco, sino el polvo verde.
Molida a partir de su estado natural de hojas de coca.
El que se bebe en té, da energía y nutre el cuerpo.
Tradición transmitida de generación en generación.
Para honrar a los ancestros y estar en armonía con la *Pachamama*,
a través de ceremonias y preservación cultural.
Masticamos y bebemos nuestra coca, porque la coca es nuestra medicina.
Y despreciamos a quienes pervierten nuestra sagrada coca en cocaína,
para mantenerla como rehén bajo la apariencia de narcóticos,
para desorientar al mundo sobre su belleza y tradición,
para redirigir su energía al placer de los adictos de Estados Unidos y Eu-
ropa,
mientras enriquecen a sus explotadores,
en lugar de usarla para reconstruir el Tawantinsuyu.
Para devolver la dignidad a los pueblos Runasimi y Aymara.
Para honrar a los ancestros, las ceremonias y nuestras contribuciones al
mundo.
Permítanos compartir la coca con el mundo.
Permítanos educarle sobre las maravillas de la coca.
Pida a las grandes farmacéuticas y a Coca Cola que nos liberen de nuestra
esclavitud.
Para que podamos compartir nuestro regalo con el mundo.
Impecable y prístino.
Quizás deje su adicción a la cocaína,
Recuperará su dignidad.
Recuperará el equilibrio entre sentirse bien y pensar bien.
Vivirá bien.
Alcanzará el *Sumak Kawsay*, una vida plena.
Respetándonos mutuamente y al mundo natural.

Mediante la reciprocidad y la armonía.
Usar lo necesario y no acumular excesos.
Compartir tradiciones y vivir bien.
Pensar bien y sentirse bien, para poder prosperar.

Sumak Kawsay in Ecuador
By Inti García

Ecuador,

The supposed center of the world.
The capital Quito, is simultaneously in the north and southern hemisphere.
high in the mountains 9300 feet above sea level.
Maybe the highest capital in the world,
if Bolivia decides to make up its mind about La Paz or Sucre.
It is hard to breathe in the highlands,
The lungs need to acclimate for a few days.
They may offer you mate de coca to alleviate your suffering.
Yes, that coca, but the natural kind.
Not the white powder but the green powder.
Ground from its natural state of coca leaves.
The kind you drink in tea, gives you energy and nourishes the body.
Tradition passed down from generation to generation.
To honor the ancestors and be in harmony with *Pachamama,*
through ceremony and cultural preservation,
We chew and drink our coca, for coca is our medicine.
And we despise those who pervert our sacred coca into cocaine,
to hold it hostage under the guise of narcotics,
to miseducate the world of its beauty and tradition,
to redirect its energy for the pleasure of addicts of the United States and Europe,
while enriching their exploiters,
Instead of using it to rebuild Tawantinsuyu.
To bring dignity back to the Runasimi and Aymara people.
To honor the ancestors, ceremony, and our contributions to the world.
Allow us to share coca with the world.
Allow us to educate you about the marvels of coca.
Tell big pharma and Coca Cola to release us from our bondage.
So that we may share our gift with the world.
Untainted and pristine.
Maybe you'll stop your cocaine addiction
You'll regain your dignity
You'll regain balance between feeling well and thinking well,
You'll live well,
You'll achieve *Sumak Kawsay,* plentiful living,
To respect each other and the natural world,
Through reciprocation and harmony.
To use what you need and not accumulate excesses.

To share traditions and live well.
Thinking well and feeling well, to be able to do well.

La Voz de las Wak'as
Por Inti García

Humay Sumac ñusta
Ven princesa hermosa,
la voz le dice.
La oye claramente como una persona.
Como si alguien estuviera en la habitación.
El mismo espacio,
en nuestro ser,
la voz habla,
Los cristianos la oyen como un demonio, tienen miedo,
de la voz
Ella no tiene miedo, ella sabe.
Es la voz,
de la naturaleza.
Que suena con el viento,
habla entre las piedras,
conversa a través del agua,
grita con los relámpagos.
Mensajes, de la *Pachamama*, de los *Apus*.

Aquellos que nos guían a vivir una vida feliz,
seguir nuestros sueños,
dan reciprocidad a nuestras relaciones y a la Madre Tierra,
abren nuestras almas y corazones,
a no mentir ni ser violentos,
dice la voz.
Ella no está loca.
Puede oír la voz.
No lo sabemos, pero debemos saber,
que son especiales, divinas,
los que pueden oír,
la voz,
La voz de las Wak'as.

The Voice of the Wak'as
By Inti García

Humay Sumac ñusta
Come, beautiful princess,
the voice says to her.
She hears it clearly as a person.
As if someone were in the room.
The same space,
in our being,
the Voice speaks.
Christians hear it as a demon, they are afraid,
of the voice.
She is not afraid, she knows.
It is the voice,
of nature.
That sounds in the wind,
speaks among the stones,
converses through the water,
screams with the lightning.
Messages, from *Pachamama*, from the *Apus*.

Those who guide us to live a happy life,
follow our dreams,
give reciprocation to our relationships and to Mother Earth.
open our souls and hearts,
not to give bad vibes nor violence,
the voice says.
She is not crazy.
She can hear the voice.
We don't know, we must know,
They are special, divines,
those who can hear,
the voice,
The voice of the Wak'as.

Cuy (k'uy)

Por Inti García

No lo sabrías si no te hubiera corregido,
pero has estado pronunciando mal mi nombre desde siempre,
Básicamente durante 500 años,
desde que te enamoraste de mí por primera vez.
Lo cual es de mala educación.
Porque si tanto te gusto,
Solo di mi nombre. Por el que me llamo,
No el que crees que debería ser.
Porque mi nombre es fiel a mí,
mi cuerpo y semejanza,
mi estado natural.
Verdad,
vivimos en la era de la información,
donde la verdad es el bien más preciado.
La verdad nos distingue de los fraudes y los farsantes,
porque la verdad es poder;
El poder de forjar tu propio destino,
Y conocer tu propio pasado.
Desde tus antepasados hasta tus futuros descendientes,
todos buscamos la verdad para conectarnos a través del tiempo,
Nuestra identidad es fundamental para nuestro ser,
y ahora es hora de que reconozcas la verdad sobre mí.
Cómo me has etiquetado mal y me has mentido al mundo sobre mí.
Me hiciste quedar como un fraude,
cuando tú eres el mayor fraude.
Gringo, no soy un conejillo de indias,
no parezco un cerdo, ni vengo de Guinea,
Soy un cuy y vengo de Bolivia, Ecuador y Perú.
Llámame Cuy, porque ese es el nombre que me corresponde,
Así me llamaban mis amigos miles de años antes de que llegara el ojo blanco,
Y ese será mi nombre por miles de años después de que el ojo blanco se vaya,
Yo,
solo,
Me llamo Cuy.

Cuy (k'uy)
By Inti García

You wouldn't know if I hadn't corrected you,
but you've been misspeaking my name forever.
Like for 500 years basically,
since you first became infatuated with me.
Which is rude.
Because if you like me so much,
just say my name which I call myself.
Not what you think my name should be.
Because my name is true to me,
my body and likeness.
my natural state.
Truth,
We live in the age of information,
where truth is the most precious commodity.
Truth sets one apart from frauds and phonies,
because the truth is power;
The power to set your own destiny,
And know your own past.
From your ancestors to your future descendants,
we all seek truth to connect us across the stream of time,
Our identity is central to our being,
and now it's time for you to acknowledge the truth about me.
How you've mislabeled me and lied to the world about me.
Made me look like a fraud,
when you're the biggest fraud.
Gringo, I'm not a Guinea Pig,
I don't look like a pig or come from Guinea,
I'm a Cuy and come from Bolivia, Ecuador and Peru.
Call me Cuy, because that's the name that is true to me.
That's what my friends called me thousands of years before the white eye came,
and that'll be my name for thousands of years after the white eye leaves,
Me,
alone,
My name is Cuy.

Experiencia inmigrante
Por Inti García

Vivir como inmigrante latino en Estados Unidos es una existencia difícil. Es una vida de trabajo agotador, trauma, marginación política y miedo. Hacemos todo lo posible por mejorar nuestra vida, solo para ser explotados y abusados por nuestra mano de obra barata y nuestras posesiones culturales. En muchos sentidos, la explotación y el abuso laboral son lo que ata y segrega a los latinos, impidiéndoles integrarse en la sociedad estadounidense moderna. Somos los esclavos asalariados de la era moderna, excluidos del discurso político de este país, a pesar de que trabajamos duro, hacemos importantes contribuciones culturales y existimos en esta tierra incluso antes de que existiera como país, como indígenas estadounidenses.

Al crecer en Estados Unidos, siempre me han dicho que soy indio, es decir, nativo americano, de desconocidos, tanto blancos como negros por igual, y me han tratado como un ciudadano de segunda clase, a pesar de ser ciudadano estadounidense. Esto tiene mucho que ver con el racismo, los prejuicios, los estereotipos y simplemente con mi apariencia y mi ascendencia nativa americana principalmente. Soy más del 60% nativo americano, según mis resultados de ADN, con una fuerte mezcla de sangre *quichua* y *aymara* de Ecuador y náhuatl y otomí de México. Vivir mi experiencia única siempre ha generado controversia. Para empezar, mi nombre, Inti, que en runa simi o *quichua* significa Sol, solía ser el inicio de estas conversaciones, lo que inevitablemente conducía a una serie de preguntas predecibles sobre la pronunciación, el origen y el significado de la singularidad de mi nombre. Siempre estaban fascinados, para bien o para mal. Para la mayoría, yo era como una fantasía viviente; no exactamente una persona con sentimientos, sueños y una experiencia de vida, sino un sueño exótico. Una reliquia idealizada de una tierra exótica con una historia misteriosa, y si no cumplía con las fantasías de la gente, me descartarían y me rechazarían, sin cultivar jamás amistades reales, salvo por las experiencias abusivas que estos breves intercambios terminaron siendo. Desafortunadamente, mi vida estuvo llena de esos pequeños intercambios dañinos que el mundo impuso sobre mí y mi identidad. Mi simple atracción por la curiosidad, la fascinación, la obsesión, la ira, el desprecio y mucho más. Solo mediante la perseverancia, la resiliencia, la disciplina, el crecimiento emocional y la madurez pude afrontar y superar interacciones y obstáculos difíciles. Si bien a la larga es empoderante, es un camino solitario.

Siendo de ascendencia nativa e inmigrante latina, aprendí rápidamente que tanto los blancos como los negros quieren definirte y lo harán para su propio beneficio, sabiendo que somos personas vulnerables sin los mismos derechos que ellos. No todos los blancos y negros son así, y los negros siguen siendo explotados institucionalmente por los blancos en Estados Unidos debido a la esclavitud. Sin embargo, desafortunadamente, demasiadas personas de ambos bandos participan en esta ignorancia y falta de respeto en torno a la identidad nativa americana. Crecer como indígena en Estados Unidos me sentía, sinceramente, como si estuviera bajo la ocupación de un invasor extranjero, incluso antes de que comenzaran las incursiones actuales de Ice. Desde la época de César Chávez, la protesta estudiantil de Los Ángeles Xicana, la anexión de Texas, desde la conquista española, hemos estado bajo ataque, pero luchamos por ser parte y ser reconocidos en esta sociedad estadounidense. Muchas de estas interacciones tenían connotaciones raciales, desafortunadamente, pero estando en Estados Unidos, uno no tiene más opción que decir la verdad y enfrentar esta discriminación. Recuperar y descolonizar mi identidad cultural no siempre ha sido fácil y ha dado lugar a intensas conversaciones que dejan muchas preguntas sin respuesta, pero que aclaran la animosidad contra nosotros como nativos.

Mi mera existencia como nativo americano enfureció a los blancos, pues mi presencia les recordaba que no se les ha exigido cuentas por el genocidio perpetrado contra los pueblos nativos hasta el día de hoy desde la llegada de los europeos y el robo de tierras y contribuciones culturales; y enfureció a los negros, pues ya no podían seguir afirmándose indígenas y, por lo tanto, con derecho a nuestra identidad, historia y condición de víctimas, que se arrogarían para explotar el apoyo y la compasión de otros, a la vez que negaban y borraban su propia historia de supervivencia del paso intermedio desde África. Ambos grupos eran culpables de ser farsantes, demasiado ansiosos por explotar los recursos y el dinero del gobierno destinados a los nativos americanos. Ninguno de los dos tiene un interés genuino por las tradiciones y la preservación cultural de los nativos americanos; es solo otra estafa para cobrar otro cheque del gobierno. Los blancos, desde la época de los españoles e ingleses hasta la actualidad, se han apropiado de nuestras tierras y alimentos solo para enriquecerse con ellos y no devolver nada a los nativos que crearon y contribuyeron con su existencia al mundo. Llegan incluso a cristianizar y renombrar todos los alimentos que creamos para borrar nuestra contribución cultural de la conciencia mundial y celebrarla como un logro propio. Plantas icónicas como la flor de Pascua se llamaban Cuetlaxochitl, la caléndula era Cempasúchil y la dalia era Acocoxochitl durante mil años antes de ser renombradas por sus "descubridores" cristianos. Del mismo modo, alimentos como las papas, el chile, el chocolate, el tomate, la calabaza, la vainilla, los cacahuetes y muchos más se celebran como "italianos", "franceses", "irlandeses" o alguna otra mentira, pero todos son originarios y provienen de Mesoamérica o Sudamérica. Forman parte de nuestra diáspora cultural indígena, que marca nuestra contribución a la humanidad y debe reconocerse y celebrarse de la misma manera que se celebran y preservan otras culturas. Vivimos en una época de autenticidad y verdad, y esta es la verdad sobre la diáspora cultural indígena.

Los negros, si bien se muestran menos complacientes con la apropiación cultural de las costumbres indígenas que los blancos, se han involucrado y se han beneficiado de dichas acciones. Si bien recibir cheques del gobierno y estatus social ha sido su principal beneficio al asumir una falsa herencia indígena, otros han actuado, fingido, vestido o incluso adoptado nombres indígenas poderosos para su propio beneficio egoísta sin retribuir a la cultura nativa de la que los heredaron. El ejemplo más obvio es el uso del nombre del último rey inca, Tupac Amaru, para el nombre artístico del rapero Lesane Parish Crooks, Tupac Amaru Shakur. La madre de Lesane Parish Crooks, Afeni Shakur, fue activista política y miembro de las Panteras Negras a finales de la década de 1960 y principios de la de 1970. Tupac Amaru Shakur es ampliamente considerado como el mejor rapero de su tiempo y el activista político más influyente y destacado de la comunidad afroamericana. Si bien Tupac reconoció el mérito de su nombre y su origen como un poderoso nombre inca que tomó prestado, sus seguidores y la comunidad afroamericana siguen siendo sumamente ignorantes, arrogantes e irrespetuosos respecto al significado y el origen del nombre de Tupac Amaru. El nombre lleva consigo una energía ancestral, proveniente de la sangre y las luchas del pueblo quichwa, canalizada a través de Tupac Shakur, lo que sin duda lo distingue de sus contemporáneos. Lo que preocupa a los nativos como yo es que la fundación Tupac Shakur no retribuye en absoluto a los pueblos indígenas, a pesar de que se benefician de nuestra energía y poder para seguir generándoles riqueza y reivindicando nuestra identidad. No es diferente de lo que han hecho los blancos: no han reciprocado el uso de nuestros cultivos, tierras y culturas.

Como persona de ascendencia nativa americana, formo parte de una diáspora indígena en la que actualmente estoy redescubriendo mi identidad cultural y autoestima. El camino ha sido espiritual y culturalmente gratificante. Me di cuenta de que, como nativo, no solo somos una diáspora, sino que nuestra cultura se ha extendido por todo el mundo sin que nadie se dé cuenta ni reconozca nuestras contribuciones. Ha sido una experiencia enriquecedora para mí y para muchos otros como yo, pero no ha estado exenta de obstáculos, interpretaciones erróneas y dolorosas reconciliaciones con la verdad sobre la historia de mi pueblo, nuestras contribuciones al mundo y la naturaleza multifacética y contradictoria de los seres humanos.

Como persona de la diáspora indígena, me refiero específicamente a las personas de ascendencia nativa americana de los continentes de América del Norte y del Sur. Para mí, eso significa mi herencia runa simi quichua, pero también mis linajes aymara, náhuatl y otomí. Para otros, puede ser una herencia similar u otra mezcla, pero aun así, ascendencia nativa americana. No somos europeos, ni africanos, ni asiáticos, sino nativos americanos. Somos una diáspora porque antes de la llegada de los europeos, como pueblo, ya comerciábamos entre nosotros y creábamos nuestras civilizaciones y alimentos, y nos integrábamos culturalmente para formar sociedades funcionales que nos unieran más que nos dividieran. Desafortunadamente, ese proceso fue interrumpido y destruido por los europeos, quienes reemplazaron nuestra soberanía política y proceso de unificación con la esclavitud y la explotación de nuestro pueblo, cultura y sociedad. Muchos de nuestros antepasados fueron trasladados en reubicaciones masivas, en condiciones de esclavitud, a tierras lejanas. Los españoles obligaron a miles de *kichwas* de Sudamérica a México, Estados Unidos y el Caribe, y de igual manera, a miles de *náhuatls* a Estados Unidos, el Caribe y Sudamérica.

Mi nombre inspiró a otras personas aquí, especialmente a los mexicanos. Conocí a muchos mexicanos y xicanas que se sintieron atraídos por mi nombre y la historia que lo rodea. Mi nombre sirvió como un faro para sus propias luchas de identidad como mestizos de ascendencia mexicana, mostrándoles que estaba bien abrazar las raíces indígenas, incluso si no somos tribales o somos mestizos. Inevitablemente, esto me llevó a mirarme en el espejo de mis propias deficiencias y contradicciones, lo que finalmente me condujo de regreso a mi tierra natal, Ecuador.

Ecuador

Nací en Atuntaqui, Ecuador. Mis padres vivían en Ibarra, Imbabura, entre Cristóbal, Carchi, el pueblo natal de mi padre, y sus familias extendidas que viven en Quito. Me llamaron Inti en honor al dios del sol porque nací durante las festividades del Inti Raymi, que se celebran durante las semanas previas al solsticio del 21 de junio. Además, a mi mamá le gustaba la fonética de Inti Miguel.

Mi madre es de ascendencia mexicoamericana de Estados Unidos. Ella y mi padre se conocieron en la ciudad de Nueva York cuando él estudiaba ingeniería industrial en la Universidad Farley Dickinson y ella ballet. Se enamoraron, cruzaron el país en coche para casarse en Berkeley, California, y luego condujeron hasta Ecuador, atravesando México, Guatemala, Nicaragua, Costa Rica, Panamá y Colombia para vivir felices para siempre. Eso fue hasta que a mi abuelo en California le diagnosticaron cáncer terminal y mis padres decidieron regresar permanentemente a Estados Unidos.

Tenía solo tres años cuando me trajeron a Estados Unidos. Al llegar, mis hermanos y yo nos integramos rápidamente a nuestra numerosa familia mexicoamericana. Si bien yo me asimilé hasta cierto punto, mi padre conservó la cultura ecuatoriana a través de su espíritu y su música. Mi padre era un músico maravilloso, y él y sus amigos tocaban música andina en casa todas las semanas durante gran parte de mi infancia. Fue una época maravillosa de mi vida, y tuve la fortuna de presenciar y escuchar las extraordinarias habilidades musicales de mi padre en pleno despliegue durante algunos años. Era particularmente reconocido por su habilidad con la flauta, especialmente con la kena y una flauta doble de metal llamada los ticados.

Mi regreso a Ecuador comenzó a los 13 años y mi padre se llevó a toda la familia durante dos meses. Viajamos a Quito, Imbabura y, finalmente, a Carchi, donde nació mi padre. Fue una experiencia reveladora y enriquecedora. Incluso a los trece años, podía apreciar la singularidad de la cultura ecuatoriana y el origen de mi padre. Aprendí mucho sobre mí mismo y mi identidad cultural, y ahora comprendía mejor lo que estaba en juego si los perdía, mi identidad. Entonces, quise aprender a tocar la quena.

Nuestros viajes comenzaron en Quito, donde gran parte de mi familia emigró y se estableció definitivamente. Varias de mis tías viven con sus familias completas de varias generaciones, repartidas por el área metropolitana de Quito. El resto de mi familia estaba repartida por Imbabura y Carchi. Visitamos con tenacidad a cada familia, primos y sobrinos, uno por uno, y rápidamente aprendí que mi familia era enorme y que éramos los más jóvenes de la primera generación de primos. La mayoría de mis primos hermanos eran tan mayores o mayores que mis padres, lo que significaba que pasaba todo el tiempo con mis primos de segunda y tercera generación, que tenían mi misma edad. La dinámica era confusa y divertida a la vez. Independientemente de la dinámica, mi familia nos recibió muy bien y nos conquistó con su hospitalidad y cariño, especialmente en Carchi, donde conocí a mi abuela y vi la finca por primera vez. La finca de mis abuelos es la fuente de nuestros orígenes familiares y de mi interés inicial por las frutas de Ecuador.

En mi segundo viaje a Ecuador, trece años después, tenía veintiséis. Fui solo con mi hermano y conocí a la familia extensa por mi cuenta. Estuve en Ecuador de nuevo durante dos meses en un viaje de autodescubrimiento. Planeaba principalmente visitar y reconectar con la familia, y dejar que me guiaran por el país y sus experiencias, pero también me di cuenta, a medida que nos aclimatábamos, de que quería experimentar ciertos aspectos de la cultura.

Un aspecto fascinante de la vida en Ecuador es la disponibilidad de fruta fresca durante todo el año. La variedad y disponibilidad de estas frutas exóticas fue evidente de inmediato a mi regreso, y me propuse aprender todo lo posible sobre ellas durante la visita. Algunas de las frutas más notables de Ecuador son la chirimoya, una fruta verde, de piel escamosa y forma de corazón, con pulpa fibrosa blanca que, cuando está madura, sabe dulce como el algodón de azúcar de fresa y melocotón. Una experiencia increíble para quien no la haya probado, pero algo común allí. Otra fruta interesante era la guanábana, considerada la fruta nacional de Ecuador. Es una fruta verde, puntiaguda, también con pulpa fibrosa blanca que sabía a piña y plátano. Era deliciosa y se usaba para preparar bebidas. Una fruta asombrosa era el árbol de tomate rojo. Un tomate rojo grande y ovalado que crecía en un árbol pequeño, y los ecuatorianos lo bebían religiosamente como jugo por la mañana todos los días, una antigua tradición para ellos con increíbles beneficios para la salud. La mora era otra fruta que se exprimió a diario. La mora es una mora andina de sabor superior, originaria de los alrededores de Quito y consumida desde la antigüedad. La mora crece silvestre en todas partes, y todos los días veía a la gente cosechándola de sus espinosas enredaderas para venderla en los mercados locales. Por último, la naranjilla, o lulo, es una pequeña fruta de la pasión de aspecto anaranjado, muy ácida pero deliciosamente adictiva. Se prepara principalmente en mermeladas y muchos postres, y también se usa ampliamente para servir canelazos, bebidas en las que la naranjilla se hierve con canela y aguardiente de caña, para animar las festividades en los caminos y calentar a la multitud. Hay muchas más frutas que mencionar, sobre las que planeo escribir un libro.

No es casualidad, tenía una curiosidad natural por las frutas de Ecuador y los Andes. Al viajar por el país y llegar a los orígenes de mi padre y mi familia, comencé a comprender que estaba recorriendo la migración de nuestra familia: de agricultores a habitantes de ciudades, finalmente a inmigrantes y de regreso a la urbanidad contemporánea. Mi deseo de buscar y comer estas frutas tenía ahora un origen claro: estaba en mi linaje, un impulso dictado por mis genes, que los consumía y conocía a lo largo de mi vida, ya que esta es mi tierra natal y parte de mi identidad. Como la familia de mi padre era agricultora, conocían a fondo estas frutas de Ecuador, pues las cultivaban. Muchas de mis preguntas encontraron respuesta y la trayectoria de mi familia se aclaró a medida que viajaba desde Quito, pasando por Imbabura, mi lugar de nacimiento, hasta Carchi, donde nació mi padre y se formó mi familia.

En Cristóbal, Carchi, conocí a mi tío mayor y el vínculo más cercano con mis abuelos, mi tío Hipólito. El tío Hipólito era un exitoso agricultor de papas con una familia numerosa y poseía tierras y vehículos. En su juventud, fue un reconocido jugador de pelota de guante y ganó varios campeonatos nacionales y regionales. Aprendí que la pelota de guante era un deporte andino original, practicado desde la época inca, que se asemejaba a un partido de tenis de tres jugadores cada uno, con guantes gigantes parecidos a raquetas de tenis y una enorme pelota de goma de 7 kilos en una cancha de fútbol. Este deporte es despiadado y requiere una fuerza y una resistencia inmensas. Este deporte fue extremadamente popular en la juventud de mi padre y contaba con una liga nacional y una regional que se extendían por Ecuador, el norte de Colombia y el sur de Perú. Desafortunadamente, su popularidad ha disminuido enormemente desde la juventud de mi padre, y solo recientemente ha resurgido el interés por preservarlo y mantenerlo, algo que transmite un sentido de identidad y orgullo nacional.

La música de los Andes es una experiencia increíble. Ecuador tiene mucha música y la gente se reúne para cantar, bailar y celebrar. Es una cultura vibrante y poderosa, con profundidad y alma. La variedad musical es abundante. A nivel nacional, sin duda, todos festejan al ritmo de San Juanito o Saltashpas en quichua, el icónico estilo musical indígena de Ecuador, lleno de energía y un estilo de baile que te hace saltar de rodillas. Otros estilos incluyen el Yaraví, otro estilo antiguo y conmovedor de la época inca, además de muchos estilos contemporáneos como albazos, pasacalles, cumbias, vallenatos y bombas, el estilo afroecuatoriano de danza con giros de cadera donde se baila con una botella de vidrio en equilibrio sobre la cabeza. Al viajar por el país, uno se encuentra con sitios sagrados, santuarios y lugares conocidos como Apus o Wak'as. Ecuador está lleno de edificios modernos o coloniales que se yuxtaponen con paisajes, arquitectura, artefactos y santuarios precolombinos. Al visitar diversos sitios, santuarios y formaciones naturales, me di cuenta del poder que estos lugares tenían y de los Apus y Wak'as que los representan. Prácticamente, estos Apus o Wak'as tienen un significado espiritual que trasciende el cristianismo; en esencia, eran vistos como encarnaciones vivientes de espíritus en este mundo que nos conectan con el mundo invisible de la espiritualidad andina. La gente aún rezaba y hacía ofrendas a estas entidades atemporales, que a veces eran templos o santuarios de tiempos antiguos, mientras que otras eran formaciones naturales excepcionales o la naturaleza misma. Y el detalle más intrigante de estas Wak'as era que tenían la capacidad de hablar, como un oráculo, a través de las antiguas lenguas del quichua, el aymara u otras menos conocidas. Aparentemente, hablan a través de la naturaleza, la gente y las fuerzas naturales de la Pachamama, la madre tierra. Varias Wak'as que visité incluyen El Panecillo, Inga Pirca, los Llanganates, el Mono de Chongón y los volcanes Imbabura, Tungurahua, Cotapaxi, Chimborazo y Pichincha. Todos los volcanes tienen espíritus llamados Apus y todos son considerados Wak'as. Una experiencia conmovedora fue cuando mi hermano y yo visitamos Inga Pirca. En el camino tomamos varios autobuses diferentes y nos perdimos. Finalmente, abordamos un autobús al azar con la esperanza de llegar a Inga Pirca, pero al abordar, todo el autobús tarareó mi nombre, Inti, y tarareó al unísono una canción en quichua, como los yaravíes que escuché en todo el país. Fue una experiencia espiritual increíble, y sentí la energía del momento. Si bien las otras Wak'as no me hablaron, sin duda me hablaron a través de la gente en el autobús, solo que yo no entendía el quichua.I felt a closeness and spiritual cleansing and reinvigoration being in the presence of the people, Apus and Wak'as, a sort of affirmation of my existence that Christianity could never give me or acknowledge. Even as Catholics, we are still seen as Indians to be destroyed in the eyes of other fanatical Christians, evangelicals and protestants. Therefore, my journey to the Wak'as and experience with the people of Ecuador opened my sense of being and brought me closer to my own spiritual ascension and understanding of what I needed to do in this world to help my people heal and flourish.

While some say I just experienced magical realism, I believe what I experienced was the real transfer of energy between me and the struggle of the people, Apus and Wak'as of Ecuador to regain their place in the Andean world. To me, magical realism is a way to conveniently ignore the struggles of indigenous people while replacing those struggles with outlandish claims of magic and nonsense that distracts us from real people struggling for autonomy while embellishing and romanticizing Christian abuses of indigenous cultures. For me, it was a journey to the source of my origins and the questions in my heart and soul pertaining to my existence and purpose in this world.   I now know what I must do and even more so as an immigrant here to help people heal during these difficult times, but also to help my people heal in Ecuador and find their place again in the Andes mountains and the world.

Immigrant experience
By Inti García

Living as a Latino immigrant in America is a difficult existence. It's a life of exhaustingly hard work, trauma, political disenfranchisement and living in fear. We do our best to make a better life for ourselves, only to be exploited and abused for our cheap labor and cultural possessions. In many ways exploitation and labor abuse are what binds and segregates Latinos from integrating into modern American society. We are the modern-day wage slaves being kept out of participating in the political discourse of this country, even though we do the hard work, make significant cultural contributions and outright existed in this land before it was even a country, as Indigenous Americans.

Growing up in America I have always been told I'm Indian, as in Native American, from strangers both whites and blacks equally, and treated as a second-class citizen, even though I'm a U.S. citizen. This has very much to do with racism, prejudice, stereotypes and simply the fact that I look and am of native American descent primarily. I'm over 60 percent Native American, according to my DNA results, being a strong mix of Quichwa and Aymara blood from Ecuador and Nahualt and Otomi blood from Mexico.

Living out my unique experience has always attracted controversy. To start, my name, Inti, which in Runa simi or Quichua means Sun, would usually be the initiator of these conversations, inevitably leading up to a series of predictable questions contemplating the pronunciation, origin and meaning of my name' uniqueness. They were always fascinated for good or bad. I was like a living fantasy to most; not quite a person with feelings, dreams and a life experience but some exotic dream. A romanticized relic from an exotic land with a mysterious history, and if I did not live up to people's fantasies, I'd be discarded and dismissed, never to cultivate any real friendships except for the abusive experiences that these short exchanges ended up being. Unfortunately, my life was full of those small harmful exchanges that the world imposed onto me and my identity. Just my being attracted curiosity, infatuation, obsession, ire, contempt and much more. Only through self-perseverance, resilience, discipline, emotional growth and maturity could I face and overcome difficult interactions and obstacles. While empowering in the long run, it is a lonely journey.

Being of Native descent and a Latino immigrant, I learned quickly that whites and blacks want to define you and will for their own amusement or benefit, knowing we're vulnerable people without the same rights as them. Not all White and Black people are like that, and blacks remain institutionally exploited by whites in the U.S. due to slavery, but unfortunately, way too many from both sides participate in this ignorance and disrespect surrounding Native American identity. Growing up as indigenous in the U.S., honestly felt like being under the occupation of a foreign invader, even before current Ice raids began. Since the days of Cesar Chavez, the L.A. Xicana student protest, the annexing of Texas, since the Spanish conquest, we've been under attack but fighting to be a part of and acknowledged in this American society. Many of these interactions had racial overtones unfortunately, but being in America, one has no choice but to speak your truth and face this discrimination. Reclaiming and decolonizing my cultural identity hasn't always been easy and has initiated many intense conversations which leave many questions unanswered but clarifies the animosity against us as natives.

My very existence as Native American infuriated whites because my presence reminded them that they haven't been held accountable for the genocide perpetuated against native peoples to this day since the arrival of Europeans and the theft of lands and cultural contributions; and it infuriated blacks because they could no longer go claiming that they were the natives and therefore entitled to our identity, history and victimhood status that they would heap on themselves to exploit support and compassion from other people while simultaneously denying and erasing their own survival story of the middle passage from Africa. And both groups were guilty of being pretendians, all too eager to exploit government resources and money meant for Native Americans. Neither has any genuine concern for Native American traditions and cultural preservation, it's just another grift to collect another government check.

The whites, from the time of the Spanish and English to the present Whites of America have taken our lands and foods only to grow rich from them and give nothing back to the Natives who created and contributed their existence to the world. Whites go as far as Christianizing and renaming all the foods we created to erase our cultural contribution from the world conscious and celebrate it as their own achievement. Iconic plants like the Poinsetta was called Cuetlaxochitl, Marigold was Cempaxuchil and Dhalia was Acocoxochitl for a thousand years before being renamed by their Christian "discoverers". Likewise, foods like Papas, Chile, Chocolate, Tomato, Squash, Vanilla, peanuts and many more foods are celebrated as "Italian", "French", "Irish" or some other lie but they all originate and come from Mesoamerica or South America. They are part of our Indigenous cultural diaspora, which mark our contribution to humanity and should be acknowledged and celebrated the way other cultures get celebrated and preserved. We are living in a time of authenticity and truth, and this is the truth about the indigenous cultural diaspora.

Blacks, while complacent in cultural appropriation of indigenous customs to a lesser extent than whites, nevertheless have engaged and benefited from such actions. While receiving government checks and social status has been their main benefit to assuming a false Native American heritage, others have outright acted, pretended, dressed or even taken powerful Native American names for their own selfish benefits without giving back to the native culture they took it from. The most obvious example is the use of the last Inca Royal Tupac Amaru's name for the rapper Lesane Parish Crooks stage name, Tupac Amaru Shakur. Lesane Parish Crooks mother Afeni Shakur, was a political activist and black panther member through the late 1960's and early 1970's. Tupac Amaru Shakur is widely regarded as the greatest rapper of his time and the most influential and prominent political activist for Black America. While Tupac acknowledged his name's sake and its origin as a powerful Inca name he borrowed, his fan base and Black America remain highly ignorant, arrogant and disrespectful about the significance and origin of Tupac Amaru's name. The name carries ancient energy, from the blood and struggles of the Quichwa people, and it channeled through Tupac Shakur, no doubt setting him apart from his contemporaries. What concerns natives like me is that the Tupac Shakur foundation gives nothing back to indigenous people, even though they benefit from our energy and power to keep making them money and claiming our identity. It's no different from what the whites have done, not reciprocated the use of our crops, lands and cultures.

As a person of Native American descent, I am part of an indigenous diaspora in which I am currently rediscovering my cultural identity and self-worth. The journey has been spiritually and culturally rewarding. I realized as a native, not only are we a diaspora of people, but our culture has spread throughout the world without anyone noticing or acknowledging our contributions. It has been affirming for me and many others like me, but it hasn't come without obstacles, misinterpretations and painful reconciliations of the truth about my people's history, our contributions to the world and the contradicting multifaceted nature of human beings.

As a person of the indigenous diaspora, I am referring specifically to people of Native American descent from the continents of North and South America. For me that means my Runa Simi Quichua heritage, but also my Aymara, Nahualt and Otomi lineages. For others, it may be similar or another set of mixed heritage, but nonetheless, Native American descent. Not European, not African, not Asian, but Native American. We are a diaspora because before the arrival of the Europeans, we as a people were already trading with each other and busy creating our civilizations, foods and going through the process of integrating ourselves with each other culturally to form functioning societies that united us more than divided us. That process was unfortunately disrupted and destroyed by the Europeans, who replaced our political sovereignty and process of unification with Slavery and exploitation of our people, culture and society. Many of our ancestors were moved in mass relocation under conditions of slavery to lands far away. The Spaniards forcefully moved thousands of Quichwa people from South America to Mexico, the U.S. and the Caribbean and similarly moved thousands of Nahuatls to the U.S., Caribbean and South America.

My name helped serve as inspiration to other people here, especially Mexicans. I met many Mexicans and xicanas/os that gravitated to me for my name and the story behind it. My name served as a beacon for their own identity struggles as mestizos of Mexican descent by showing them it was okay to embrace your indigenous roots, even if we are detribalized or mestizos. Inevitably this led me to look in the mirror of my own shortcomings and contradictions, which eventually led me back to the land of my birth, Ecuador.

Ecuador

I was born in Atuntaqui, Ecuador. My parents lived in Ibarra, Imbabura, between my father's hometown of Cristobal, Carchi and the extended families living in Quito. I was named Inti in honor of the sun god because I was born during the festivals of Inti Raymi, which are celebrated during the weeks leading up to June 21st solstice. Also, my mama liked how Inti Miguel sounded phonetically.

My Mother is of Mexican American descent from the United States. She and my father met in New York city when he was studying industrial engineering at Farley Dickinson University, and she was studying ballet. They fell in love, drove cross country to get married in Berkeley California, and then drove down to Ecuador, through Mexico, Guatemala, Nicaragua, Costa Rica, Panama and Colombia to live happily ever after. That is until my grandfather in California was diagnosed with terminal cancer and my parents decided to return permanently to the U.S.

I was only three when I was brought to the U.S. Upon arrival my siblings and I were promptly integrated into our large Mexican American family. While I was assimilated to an extent, my father maintained the culture of Ecuador through his spirit and music. My father was a wonderful musician, and he and his friends played music of the Andes in the household every week for much of my early childhood. It was a marvelous time of my life, and I was fortunate enough to witness and listen to my father's extraordinary musical skills in full display for some years. He was particularly renowned for his flute playing abilities, especially with the Kena and a metal double flute called los ticados.

My return to Ecuador began when I was 13 and my father took the whole family for two months. We travelled to Quito, Imbabura, and ultimately Carchi, where my father was born. It was a very eye opening and enriching experience, even at thirteen I could appreciate the uniqueness of Ecuador's culture and where my father came from. I learned a lot about myself and my cultural identity and now had a better understanding of what was at stake if I lost them, my sense of self. Then, I wanted to learn to play the quena.

Our travels began through Quito, where a large portion of my family migrated to and set up permanent residence. Several of my aunts live with their entire families of several generations, spread across Quito's metropolitan area. The other parts of my family were spread across Imbabura and Carchi. We tenaciously visited each family, cousins, nephew one by one, and I quickly learned that my family was huge, and we were the youngest of the first generation of cousins. Most of my first cousins were as old or older than my parents, which meant I was spending all my time with my second and third generation cousins who were my age. The dynamics were confusing and hilarious simultaneously. Regardless of the dynamics, my family received us well and endeared us with plenty of hospitality and love, especially in Carchi, where I met my grandmother and saw the farm for the first time. My grandparent's farm is the source of our family origins and my initial interest in the fruits of Ecuador.

On my second trip to Ecuador, thirteen years later, I was twenty six. I went alone with my brother, and I got to know the extended family on my own. I was in Ecuador again for two months on a journey of self-discovery. I planned mostly to visit and reconnect with family mostly and let them guide me through the country and its experiences, but I also realized as we got acclimated that I wanted to experience certain aspects of the culture.

One fascinating aspect of life in Ecuador is the year-round availability of fresh fruit. The variety and availability of such exotic fruits was immediately noticeable upon my return, and I made it one of my objectives to learn as much about them as I could while visiting. Some of the more notable fruits from Ecuador are the Chirimoya, a green, scaly skinned, heart shaped fruit with white fibrous flesh that tastes sweet like strawberry peach cotton candy when ripe. An amazing experience for anyone who has not tried it, but something common down there. Another interesting fruit was the Guanabana, considered the National fruit of Ecuador. It is a green fruit, spiky, also with white fibrous flesh that tasted like banana pineapple. It was delicious and was used to make mixed drinks. One amazing fruit was the red tomato tree or Arbol de tomate. A large, oval shaped red tomato that grew on a small tree, Ecuadorians drank this as a juice religiously in the morning daily, an ancient tradition for them with amazing health benefits. Mora was another fruit that was juiced daily. Mora is an Andean Blackberry of superior flavor native to the area surrounding Quito and consumed since ancient times. The Mora grows wild and everywhere, and every day I would see people harvesting Mora from their thorny vines to sell in local markets. Lastly, the naranjilla, or Lulo, is a small orange looking passion fruit that is very tart but addictively delicious. Mostly prepared in jams and many desserts, it is also widely used to serve mixed drinks called canelazos, in which naranjilla fruit is boiled with cinnamon and aguardiente cane liquor, to keep roadside festivities lively and crowds warm. There are many more fruits to mention, which I plan to write a book about.

It's no accident, I had a natural curiosity for the fruits of Ecuador and the Andes. As I travelled throughout the country and made my way to where my father and the family originate from, I began to understand I was retracing our family's migration from being farmers to city dwellers and eventually immigrants and back to contemporary urbanite. My urge to pursue and eat these fruits now had a clear origin, it was in my blood-line, an urge dictated by my genes that I eat and know of these foods in my lifetime, since this is the land of my birth and a part of my identity. Since my father's family were farmers, they knew all about these fruits from Ecuador because they grew them. So many of my questions were an-swered and my family's journey became clearer as I journeyed from Quito through Imbabura, the place of my birth and into Carchi, the place of my father's birth and family genesis.

In Cristobal, Carchi, I met my eldest uncle and closest link to my grandparents, my Tio Hipolito. Tio Hipolito was a successful potato farm-er with a huge family and owned land and vehicles. In his youth, he was a renowned *Pelota de Guante* player and won several national and regional championships. I learned that *Pelota de Guante* was an original Andean sport, played since Inca times, that resembled a team's tennis match of three each using jumbo sized "gloves" that resembled tennis paddles and a huge 15-pound rubber ball on a soccer sized field. The sport is ruthless and required immense strength and endurance. The sport was extreme-ly popular in my father's youth and had a national league and regional league which spanned across Ecuador, northern Colombia and southern Peru. Unfortunately, the popularity of the sport has waned immensely since my father's youth and only recently a resurgence of interest has come up in preserving and maintaining the sport, something which has a sense of national identity and pride.

Music of the Andes is an amazing experience. Ecuador has a lot of music and people get together to sing, dance and celebrate. It's a vibrant-ly powerful culture with depth and soul. The musical variety is abun-dant. By far, nationally everyone parties to San Juanito's or Saltashpas in Quichua, Ecuador's iconic Indigenous music style full of energy and a knee jumping like style of dancing. Other styles include Yaravi's, another soul jarring ancient style from inca times, plus many contemporary styles like *albazos, passacalles, cumbias, vallenatos* and bombas, the afro-ecua-dorian hip gyrating style where they dance with a glass bottle balanced on their heads.

Traveling throughout the country one is destined to eventually come across sacred sites, shrines and locales known as Apus or Wak'as. Ecua-dor is full of modern or colonial buildings juxtaposed over pre-Columbian landscapes, architecture, artifacts and shrines. Traveling to a variety of these sites, shrines, and natural formations, I became aware of the power these locations held and the Apus and Wak'as that embody them. Virtually these Apus or Wak'as are viewed as having spiritual significance beyond Christianity, in essence they were seen as living embodiments of spirits in this world which connect us to the unseen world of Andean spirituality. People still prayed and made offerings to these timeless entities, and sometimes they were temples or shrines from ancient times while other times they were rare natural formations or nature itself. And the most intriguing detail of these Wak'as was that they had the ability to speak, like an oracle, through the old languages of Quichua, Aymara or other lesser-known languages. Apparently, they speak through nature, the people and the natural forces of Pachamama, the mother earth. Several Wak'as that I visited include El panecillo, Inga Pirca, Llanganates Mountains, Mono de Chongon, and the volcanoes Imbabura, Tungurahua, Cotapaxi, Chimborazo and Pichincha. All the volcanoes have spirits called Apus and all are considered Wak'as. One soul-shaking experience was when me and my brother visited Inga Pirca. On the way we took several different buses and got lost and eventually boarded a random bus hoping to get to inga Pirca, but as we boarded, the whole bus hummed my name Inti and hummed in unison a song in Quichua, like the Yaravi's I heard throughout the country. It was an unreal spiritual experience, and I felt the energy of the moment. While the other Wak'as didn't speak to me, no doubt they spoke to me through the people on the bus, only I didn't understand Quichua enough. I felt a closeness and spiritual cleansing and reinvigoration being in the presence of the people, Apus and Wak'as, a sort of affirmation of my existence that Christianity could never give me or acknowledge. Even as Catholics, we are still seen as Indians to be destroyed in the eyes of other fanatical Christians, evangelicals and protestants. Therefore, my journey to the Wak'as and experience with the people of Ecuador opened my sense of being and brought me closer to my own spiritual ascension and understanding of what I needed to do in this world to help my people heal and flourish.

While some say I just experienced magical realism, I believe what I experienced was the real transfer of energy between me and the struggle of the people, Apus and Wak'as of Ecuador to regain their place in the Andean world. To me, magical realism is a way to conveniently ignore the struggles of indigenous people while replacing those struggles with outlandish claims of magic and nonsense that distracts us from real people struggling for autonomy while embellishing and romanticizing Christian abuses of indigenous cultures. For me, it was a journey to the source of my origins and the questions in my heart and soul pertaining to my existence and purpose in this world. I now know what I must do and even more so as an immigrant here to help people heal during these difficult times, but also to help my people heal in Ecuador and find their place again in the Andes mountains and the world.

Inti García nació en Atuntaqui, Ecuador. Su padre es ecuatoriano y su madre, de ascendencia mexicoamericana, nació en Berkeley, California. Creció en el Área de la Bahía y asistió a las escuelas de Berkeley, graduándose de la preparatoria de Berkeley. Fue co-presidente del club Xicana/Latinoamericano y del club de animación por computadora, y organizó la graduación Xicano/Latinoamericana. Asistió a la SFSU y contribuyó a numerosos logros comunitarios, como ayudar a diversos grupos culturales a recaudar fondos, crear huertos urbanos y apoyar a danzantes en la negociación de un espacio seguro autorizado con el CCSF y la ciudad de San Francisco para la celebración del Año Nuevo Mexica (Azteca).

Actualmente, trabaja en la Biblioteca Pública de Oakland y estudia para ser bibliotecario. Colabora con servicios para adultos y adolescentes, supervisando a jóvenes voluntarios, programando y dirigiendo diversos programas para adultos, como la biblioteca de semillas, el evento emergente Sprout y el concurso de cultivo de cempasúchil/caléndula.

Inti García was born in Atuntaqui, Ecuador. His father is from Ecuador and his mother is of Mexican American descent born in Berkeley, California. He grew up in the Bay Area and attended Berkeley schools and graduated from Berkeley high; was co-president of the Xicana/o/Latin American club, the computer animation club and organized the Xicano/Latin American graduation. He attended SFSU and contributed many community-based achievements like helping various cultural groups with fundraising, setting up urban gardens, and supporting Danzantes to negotiate a permitted safe space with CCSF and the city of San Francisco to allow the celebration of the Mexica (Aztec) New year.

Currently, He works in Oakland Public Library and is studying to become a librarian. He works with adult and teen services, supervising teen volunteers, programming and running various adult programs, like the Seed library, Sprout pop-up and Cempasúchil/ Marigold growing contest.

Marina Cruz Lopez (México)

Mi amor inolvidable: Ciudad de México
Por Marina Cruz

Donde de niña, todos los sabores por haber, se grabaron en mi
mente,
Tan cierto como poner el sonido de un tren en una alegre canción,
Donde de adolescente crecí en un mundo en el que todo era posible.
Es una hermosa y majestuosa ciudad,
donde la gente es feliz sin importar qué,
donde puedes ser un animal, él que tú quieras,
desde un ave, hasta un humano.
Yo a veces he sido coyote solitario.
También he sido ave porque me encanta la libertad
pero la mayor parte me gusta ser humano.
En la ciudad de México, ir a la calle
es como ir al mismísimo bosque.
Es donde un extraño te echara la mano.
Donde la música como raíces se quedarán a vivir en tu corazón.
Así es; ya no podrás desalojarlas una vez que entren.
Ahí, la gente trabaja duro
pero también se divierten *ah...! ¡Cómo de que no!.*
Es que sólo es bella, igual que un ave con sus coloridas plumas,
es un paraíso eterno.
Mexico amor de mis amores, mi amor eterno,
cuna de todos tus hijos y de los que no son tus hijos también.
Donde se inventan, se componen y nacen las palabras
como ríos, mares y grutas en una ciudad viva.
Es como el chiste de mi amigo Adrián,
"¿Qué es lo que en todo está?
Ahí también está, y en eso también."
Después de un millón de adivinanzas la respuesta es *el nombre;*
Ciudad de México, donde tus hijos son de todos lados del mundo.
Ahí, la creatividad es como el rasgueo de una guitarra
o el sonido de cualquier instrumento,
hasta una maraca que te hará bailar.
Noches bellas donde los muertos bailan sobre sus tumbas,
donde no existen los colores porque todos son uno.
Cuando llegas a la Ciudad de México el latido de tu corazón
baila al ritmo de un carrizo con pequeños hoyitos
y el aire que se escapa de unos suspiros saliendo por la boca

y aunque se sienta que se te sale el alma,
el alma no se te escapará.
Donde mucho, es nada y nada es todo.
Eso eres tú, mi querida Ciudad de México.
Has inspirado a muchos cantantes, artistas, poetas,
autores, pensadores y muchos más.
México tú tienes consuelo, tienes esperanza.
También la madre de Dios quiso su casa en Ciudad de México,
en el Cerro del Tepeyac.

Mexico City: My unforgettable Love
By Marina Cruz

Where as a child all the flavors to exist were etched in my mind.
As true as putting the sound of a train in a cheerful song.
Where as a teenager I grew up in a world where everything was
possible.
It is a beautiful and majestic city,
where people are happy no matter what,
where you can be an animal, whichever you want
from a bird to a human.
Sometimes I have been a lone coyote.
I have also been a bird because I love freedom
but most of the time I like being human.
In Mexico City, going out on the street
is like going to the very forest.
It is where a stranger will lend you a hand.
Where music like roots will stay to live in your heart.
That's right; you will no longer be able to evict them once they en-
ter.
There, people work hard but
they also have fun, oh...! Of course they do.
It is just beautiful, like a bird with its colorful feathers.
It is an eternal paradise.
Mexico, love of my loves, my eternal love,
cradle of all your children and of those who are not your children
too.
Where words are invented, composed, and born
like rivers, seas, and caves in a city full of life;
It is like my friend Adrian's joke,
"What is something that is in everything?
It is there too, and in that too."
After a million guesses, the answer is *the name;*
Mexico City, where your children are from all over the world.
There, creativity is like the strumming of a guitar
or the sound of any instrument,
even a maraca will make you dance.
Beautiful nights where the dead dance on their graves,
where colors do not exist because we are all one.
When you arrive in Mexico City your heart beat dances

to the rhythm of a reed with small holes
and the breath that escapes from some sighs
makes you feel as if your soul is escaping,
as it comes out the mouth; but it doesn't.
Where much is nothing and nothing is everything.
That is what you are, my dear Mexico City.
You have inspired many singers, artists, poets, authors,
thinkers, and many more.
Mexico, you have comfort, you have hope.
Even the mother of God wanted her house in Mexico City,
on the Hill of Tepeyac.

Las tres hermanas

En un lugar lleno de montañas donde sale el sol,
y las mujeres fuertes se levantan muy temprano, por el bienestar de
la familia.
Ellas siempre firmes de convicción,
con miradas dulces y sublimes sonrisas,
cocinan algo rico para la familia.
Y el hombre fuerte provee sustento,
con el sol apenas asomándose traerá leña y agua,
trabaja la tierra con sus manos, para después de sembrar la tierra
poder cosechar.
Las semillas de las tres hermanas se siembran juntas
para ayudarse entre sí al crecer.
La hermana mayor nace primero para que la segunda pueda crecer
El maíz le da la mano al frijol, para que así se enrede al escalar su
tallo alto.
La calabaza, que es pesada y fuerte, no se cuelga de ellas
para no dañarlas.
Y de ellas deberíamos aprender a compartir la tierra.
En una casita hermosa de madera, la abuelita Delfina, ya sin dientes,
y con la carita llena de surcos pero de brazos fuertes, espalda derecha,
trenzas plateadas y largas, con tierna sonrisa y voz muy fuerte
nos saluda y nos invita a pasar a su cocina.
Ella está moliendo maíz en su metate; el maíz es la primera hermana.
Está haciendo tortillas calientitas, enseguida ha puesto un puñito de
masa
en una ollita de barro que tiene agua hirviendo que ha colocado.
A un lado de las brasas del carbón
y en otra ollita cocina frijoles negros, son la segunda hermana;
estos se degustarán en un plato de barro que la misma gente del
pueblo hace.
En un pequeño pozo de agua, Antonio a sumergido sus manos
y ha sacado un gran puño de lodo con lombrices.
Enseguida un segundo puño de lodo.
De más profundo es lodo negro.
Creo que tengo una expresión haciendo mis ojos grandes

Y de sorprendida porque Antonio me ha mirado
y sonriendo dijo allí está, allí lo tienes.
Es barro negro ante mis ojos.
Es lodo negro que se convertirá en hermosas piezas
y figuras de barro, piezas de arte platos, jarrones, candelabros
y figuras de barro.
¡Qué hermoso el arte de Oaxaca, México!
En el mercado con mi familia, mi padre y mi madre reflejan en su
rostro
el orgullo y amor por su cultura.
Ellos saben hablar Mixteco es el idioma de su pueblo amado.
Traen un tenate de palma hecho a mano
han comprado queso fresco, pan, tortillas y chocolate para llevar a
casa
pues vamos de regresó a la Ciudad de México,
donde mis padres emigraron a los 16 años de edad
para buscar una mejor calidad de vida para su familia.
Pero antes de regresar, mis padres se detienen ante una viejecita
que vende pulque. Es una bebida ancestral que viene del maguey
servido en una jícara hecha de bule que ha crecido en un árbol.
lo usan para hacer utensilios, recipientes e instrumentos de música.
Este guaje cuando ya esté seco
guardará el agua que saciará la sed de un hombre trabajador del
campo
también de regreso unos niños a la orilla de la carretera
nos saludan sacudiendo sus manos en el alto pidiéndonos que pare-
mos el auto
mi padre baja el vidrio, los pequeños de cuatro a ocho añitos de
edad
nos ofrecen collares y alebrijes de palma que ellos tejen
con sus pequeñas y preciosas manos y sus hermosas sonrisas,
con sus pies descalzos llenos de energía que corren y juegan
en el campo y en el río. Saberlo me llena de alegría
Ya una vez en casa llegó con la mente llena de inolvidables paisajes
con lágrimas que salen del corazón, sé que sólo es la nostalgia.
No es tristeza, no es felicidad, son las dos al mismo tiempo.
Nunca olvidaré las historias que cuentan los abuelos.
Nunca olvidaré esas tierras mágicas, llenas de aprendizaje,
llenas de historia y llenas de hombres y mujeres fuertes,
llenos de soñadores y grandes guerreros. Son pueblos mágicos.

Y la tercera hermana es la calabaza.
igual que las semillas de las tres hermanas se respetan
y coexisten en la tierra para seguir creciendo,
también nosotros somos semillas que un día seremos sembradas
en la tierra. Somos plantas orgullosas de nuestras raíces,
a veces nos arrancamos como flores
y seguimos creciendo en otras tierras pero la tierra es la misma.
La tierra no tenía fronteras ni muros, el hombre las inventó.

Germinación: el cambio de una semilla
para convertirse en una nueva planta.
Se necesitan sólo cuatro elementos para cosechar el bienestar:
la tierra, el agua, el aire y la luz;
y para cuidarlos, hay que cuidar la tierra.
Todavía sigo investigando si es verdad que en el día de San Juan
siempre llueve.
No te olvides que tienes raíces y sigues creciendo,
sigue cultivándote.
Y no importa donde estés nuestro mundo es uno solo.
no debería de haber fronteras.
debemos aprender del ejemplo de las tres hermanas.

Con cariño le dedico este poema a los inmigrantes,
a la maestra Jacqueline Omania, a Greta Thunberg
y a todos los que generan cambios.

The Three Sisters

By Marina Cruz

In a place full of mountains where the sun rises
and the strong women get up very early, for the well-being of the
family.
They are always firm in their convictions
with sweet looks and sublime smiles,
They cook something delicious for the family.
And the strong man provides sustenance, with the sun barely peek-
ing
he will bring firewood and water,
working the land with his hands, so that after sowing the land,
he can harvest.
The seeds of the three sisters are planted together
to help each other as they grow.
The eldest sister is born first so that the second can grow.
The corn gives a hand to the bean, so it can climb its tall stem.
The pumpkin, which is heavy and strong,
does not hang from them to avoid damaging them.
And from them, we should learn to share the land.
In a beautiful little wooden house
Grandma Delfina, already without teeth
and with a face full of wrinkles but with strong arms,
a straight back, long silver braids, with a tender smile
and a very strong voice. She greets us
and invites us into her kitchen.
She is grinding corn on her metate; the corn is the first sister.
She is making warm tortillas
and immediately put a handful of dough in a clay pot that has boil-
ing water
next to the embers of the coal.
She cooks black beans; they are the second sister.
These will then be tasted on a clay plate made by the townspeople
themselves.
In a small water well, Antonio has submerged his hands
and pulled out a big handful of mud with worms
Immediately, a second handful of mud. From deeper down is black
mud.

I think I have a surprised expression, making my eyes wide
because Antonio looked at me and smiling said,
"There it is, there you have it." It's black clay before my eyes. It's
black mud
that will turn into beautiful pieces and figures of clay, art
pieces like plates, vases, candle holders and clay figures.
How beautiful the art of Oaxaca, Mexico!

In the market with my family
my father and mother reflect pride and love on their faces
for their culture. They know how to speak *Mixteco*
the language of their beloved ancestors.
They bring a handmade palm *tenate*
 It is a (basket with a long handle)having bought fresh cheese,
bread, *tortillas*, and chocolate to take home
as we head back to Mexico City,
where my parents migrated at the age of sixteen
to seek a better quality of life for their family.

But before returning, my parents stop in front of an old lady
who sells *Pulque* , an ancestral drink that comes from the *maguey*,
served in a *jícara* made from a *guaje* that has grown on a tree
They use it to make utensils, containers, and musical instruments.
this *guaje*, when it's dry,
will hold the water that will quench the thirst of a hardworking man
from the fields. Also, on the way back,
some children by the roadside greet us,
waving their hands at us, asking us to stop the car.
My father lowers the window,
and the little ones, ages four to eight,
offer us necklaces and palm *alebrijes*
that they weave with their small and precious hands
and their beautiful smiles, with their bare feet
full of energy, running and playing in the field and the river.
Knowing this fills me with joy.
Once at home, I arrive with my mind full of unforgettable landscapes,
with tears flowing from my heart. I know it's just nostalgia.
It's not sadness, it's not happiness, it's both at the same time
I will never forget the stories my grandparents tell

I will never forget those magical lands, full of learning
 full of history, and full of strong men and women,
full of dreamers and great warriors. They are magical towns.
The third sister is the pumpkin.
Just as its seeds are respected and coexist in the land to continue
growing.
We too are seeds that one day will be planted in the earth.
We are plants proud of our roots.
Sometimes we pick ourselves; like flowers
and continue growing in other lands, but the earth is the same.
The earth has no borders or walls
They were invented by a man.
Germination: the transition of a seed into a sprout.
Only four elements are needed to harvest well-being:
earth, water, air, and light
and to care for them, we must care for the earth.
I am still investigating if it is true that it always rains on Saint
John's Day.
Don't forget that you have roots so keep growing, keep cultivating.
And no matter where you are,
our world is one. There should be no borders;
we should learn from the three sisters.

With love, I dedicate this poem to immigrants,
to teacher Jacqueline Omania,
to Greta Thunberg, and to all who generate change.

Águila Americana
Por Marina Cruz

Mi querido Oakland. Mi amado Berkeley.
Me duele ver que tu pueblo sufre
quisiera darte un abrazo fuerte, muy fuerte.
"Dios".!...Libera a tus hijos de la esclavitud moderna,
de las drogas, de los vicios
que haya más ayuda para quién más lo necesite
porque hay tanta gente sufriendo
y sin darse cuenta lo pierden todo.
Se pierden a sí mismos.
La tormenta los arrastra a la perdición y a la pobreza
y se van haciendo invisibles hasta desaparecer.
Dónde está lo justo?
La justicia y el gobierno la ayuda, la humanidad.
Universo cobijanos con tu cielo lleno de
estrellas. Luna iluminanos con tu luz.
Nuevo sol de cada día entíbianos el alma.
Naturaleza, tu color verde nos recuerda que estamos vivos.
Aguas del Pacífico, tus aguas me dan paz, purificanos.
Calma esta sed de tener un hogar, una familia o tan sólo
el propio bienestar.
Generoso área de la Bahía. Tus muros, tu arte, tus luces y tu música
gritan por justicia, por lo justo y por la paz.
Águila Americana abre tus largas alas y vuela alto
muy alto donde estés seguro, donde nadie te lastime,
dónde seas libre, donde existe la libertad.
Porque hay veces que cierro mis ojos
y veo una pluma blanca caer desde muy alto.
La veo desplomándose
cayendo muy profundo hasta que no logro verla más
pero tú; tú eres libre, lo tienes todo
los campos, el mar, el cielo, las montañas la abundancia,
lo que con tus filosas garras quieras tomar.
Mis alas son cortas todavía no puedo ayudar mucho,
pero hermanos que sufren, en mis oraciones ustedes siempre están.
Todos los niños del mundo, los presos, los homeless,
mis seres queridos.
Y también rezo por la paz de la tierra

American Eagle
By Marina Cruz

My dear Oakland, My beloved Berkeley.
It hurts to see your people suffer.
I wish I could give you a strong, very strong hug.
"God". Free your children from modern slavery,
from drugs, from vices.
May there be more help for those who need it most,
because there are so many people suffering
and without realizing it they lose everything.
They lose themselves.
The storm drags them to perdition and poverty,
and they become invisible until they disappear.
Where is the justice?
Justice and government, help, humanity.
Universe, shelter us with your sky full of
stars. Moon, illuminate us with your light,
New sun of each day, warm our soul,
Nature, your green color reminds us that we are alive,
Waters of the Pacific, your waters give me peace, purify us.
Calm this thirst to have a home, a family, or just
well-being.
Generous Bay Area. Your walls, your art, your lights, and your music
cry out for justice, for what is fair, and for peace.
American Eagle, spread your long wings and fly high, very high,
where you are safe, where no one hurts you,
where you are free, where freedom exists.
Because sometimes I close my eyes
and see a white feather falling from very high.
I see it collapsing, falling very deep until I can no longer see it,
but you; you are free, you have it all,
the fields, the sea, the sky, the mountains, the abundance,
what you want to take with your sharp claws.
My wings are short, I still can't help much,
but brothers who suffer, you are always in my prayers.
All the children of the world, the prisoners, the homeless,
my loved ones,
and I also pray for the peace of the earth which keeps us

standing. Land of California; you! Golden State, people say you are rich, and I believe them. I believe you have the songs of the birds, the smells of the forests, the most beautiful waters I have seen, the sands of different colors, and your climate that shelters me. You! Golden State, you connect me with the land where I was born. You connect me with all my senses, you connect me with my people.
Dedicado a todos los Chicanos
y a los adolescentes del mundo.

Carta a mi Madre
Por Marina Cruz

Querida mamá,
Tú no te mereces el mundo,
Todavía recuerdo cuando me gritaste.
Me llamabas la atención y te diré en que exageraste.
Así que he decidido que no te mereces el mundo.
Te mereces el universo y el sol.
Te regalo el sol y todos los planetas.
Es más alto su valor que lo que he pagado por ellos
Y yo te los regalo porque tu no te mereces el mundo
te mereces el universo y los planetas
para que los adornes en tu cuello.
Todavía recuerdo el olor de los pisos limpios,
el olor de la cocina esos aromas inolvidables
Las ollas de barro, a tortillas doradas,
los aromas perfumados de las frutas
a veces dependía de cada mes del año
Y otras veces olía a pan, a ponche, a ofrendas, a tamales
y a todos esos aromas de mi infancia.
Ahora sí te diré en que exagerabas.
Exagerabas cuando estabas a punto de llevar ese gran bocado a tu
boca
y de repente asias esa pausa y decías, ¿quieres?
Y aunque te dijera que no, me harías comerlo.
Gracias mamá.
Tengo una pregunta para ti.
¿Por qué venías tan contenta del mercado cuando me compraste un
vestido?
Si el vestido era para mi.
Tú estabas contenta, con eso yo lo estaba mucho más .
A veces te veía llorar, y cuando te preguntaba
¿Por qué llorabas?, me responderías, tú eres chiquita, tú no sabes,
tú ve a jugar. Pero aunque era una niña me dolía mucho.
Me escondía a ver si podía escuchar algo pero fuiste cuidadosa.
¡Oye..! te quiero decir algo.
Sé que a veces te sentiste abandonada, sola
y sentiste que te dejaste atrás muy atrás y que te olvidaste de ti mis-
ma.

Porque siempre éramos primero que tú así lo decidiste,
y tu trabajo duro por nosotros
hizo que se formara una gran goma
que automáticamente borró de mi mente algún mal recuerdo,
que yo pudiera tener de ti como cuando me regañaste
o me diste alguna llamada de atención.
Tú eres una mujer muy fuerte, muy bonita y muy inteligente .
Te vi preocuparte por tus seres queridos,
por tus padres, por tus hermanos, por tu esposo,
por tus hijos y al último por ti ¡No sé cómo lo hiciste!
Y después de eso, después de cuidar a tus ocho hijos,
ser maestra, seguir estudiando y convertirte en enfermera.
Sólo me queda admirarte.
Y sin decirte más. Señora siéntete orgullosa de ti
como yo me siento orgullosa de ti, admirable mamá
me quedo con lo mejor de ti,
con mis más bonitos recuerdos que tengo de ti.
Así lo decido yo. Ya no te preocupes por nosotros ya somos grandes.
Ya dedicate a ti, sigue haciendo lo que a ti te gusta.
Yo siempre les cuento a mis hijas grandes historias que guardo de
ti.
Sanabas mis heridas con tu aliento, te asomabas muy poco al espejo
y encontrabas todo lo que yo no podía encontrar.
Era como si supieras donde estaba todo.
Eres como una persona mágica.
Gracias por perdonarme; yo a ti no tengo nada que perdonarte.
Gracias por escucharme, yo te escucharé.
Gracias por cuidarme, yo también te cuidaré.
Gracias por todo mamá. Tú eres como el sol y nosotros tus planetas.
Sigue alumbrandonos con tu luz
porque todos los días aunque por momentos se me olvide, sé que
estás ahí.
¡ Oye! Cuelga el sol y los planetas en tu cuello
lucirán muy bien en ti; son tuyos. Yo te los regalo.
Te quiero mucho y para siempre mamá.

Te quiero mamá.
Feliz cumpleaños.

Sinceramente, tu hija.

To My Mother
   By Marina Cruz

Dear mom,

You don't deserve the world.
I still remember when you yelled at me.
You scolded me, and I'll tell you where you exaggerated.
So, I've decided that you don't deserve the world
You deserve the universe and the sun.
I give you the sun and all it's planets,
I haven't paid much for them, but their value is higher than what I
paid.
And I give them to you because you don't deserve the world,
you deserve the universe and the planets to adorn your neck.
I still remember the smell of clean floors,
the smell of the kitchen, those unforgettable aromas of clay pots,
Crispy tortillas, the perfumed aromas of fruits,
Sometimes depending on each month of the year,
sometimes it smelled like bread, like punch,
like the Day of the Dead offerings; like tamales, and
all those aromas of my childhood.
Now I'll Tell You Where You Exaggerated
You exaggerated when you were about to take a big bite
and suddenly paused and said, "Do you want some?"
And even if I said no, you would still make me eat it.
Thank you, mom.
I Have a Question for You
Why did you come back from the market so happy
when you bought me a dress? If the dress was for me,
Why were you so happy?
Sometimes I saw you cry,
and when I asked you why you were crying, you would say,
"You're too young, you don't know, go play"
But even though I was a child, it hurt me a lot.
I would hide to see if I could hear something, but you were careful.
Oh...
I want to tell you something,
I know that sometimes you felt abandoned,
alone, and felt that you had left yourself behind,

far behind. I am Pretty sure, you never thought
that you forgot about your own self
because it was us first, before you,
because you decided it this way,
your hard work for us, created a big magic eraser
that I can use to erase any bad memory I ever had about you.
You are a beautiful woman, strong and intelligent.
I saw you worried about you loved ones,
your parents, your brothers, sisters,
your husband and your children; and lastly your own self.
I don't know how you didit! And after raised 8 children,
became a teacher, became a nurse, and
I won't tell you more. Ma'am please be proud of you
like I am proud of you, admirable mom.
I will keep the best memories of you,
This is my decision.
Don't worry anymore, for us we are already grown ups.
Now take care of you, keep doing what you love.
I always tell my daughters good memories about you.
I love you so much and forever mom,
you heal my scars with your breath
and you very rarely looked at a mirror,
you were able to find anything I could not find
it was like you knew where everything was,
like a magic person.
Thank you for giving me your forgiveness
I don't have anything to forgive you for.
Thank you for listening. I will also listen to you,
thank you for taking care of me, I will also take care of you,
thank you for everything mom.
You are the sun and we are your planets,
keep liting us with your light
because sometimes even if I forget about you
for a minute I know that you are always there.

I Love you mom,
Happy birthday.

Sincerely.
your daughter.

Flores y Tierra
    Por Marina Cruz

Con los labios ya resecos de tanto orar,
los oídos sordos y adoloridos.
Anhelo que acabe el otoño
para que venga otro año lleno de esperanza.
Sé que como el otoño, también esto terminará:
Mamá hoja, bebé hoja,
tíos y abuelos de todos los tipos de hojas.
Yacen ya sin vida en el suelo
De dorado y rojo la tierra se ha pintado.
Flores y tierra comen los niños en estos tiempos.
Padres sin alma caminan con bultos en sus brazos
buscando sepultura para sus hijos.
Madre Tierra es la única que no nos abandona.
Ella es quien nos alimenta y ella también nos cobijará.
Dormimos y descansamos tranquilos,
volveremos otra vez cuando las flores broten.
Nosotros también brotaremos.
Así es, y flores seremos.

Flowers and Dirt
By Marina Cruz

With lips already dry from so much praying,
ears deaf and aching.
I long for autumn to end
so that another year full of hope may come.
I know that like autumn, this too shall pass;
Mother leaf, baby leaf,
uncles and grandparents of all kinds of leaves.
They already lie lifeless on the ground
The earth has been painted in gold and red.
Flowers and dirt are what children eat these days.
Soulless parents walk with bundles in their arms
seeking burial for their children.
Mother Earth is the only one who does not abandon us.
She is the one who feeds us and she will also shelter us.
We sleep and rest peacefully,
we will return again when the flowers bloom.
We too will bloom.
Yes, and flowers we shall become.

Marina Cruz López nació en diciembre de 1980, de padres mexicanos. Nació en Nezahualcóyotl, México. Estudió en las escuelas públicas de Nezahualcóyotl y dos escuelas de mujeres en México. En 1998, emigró a U.S.A. a la edad de 17 años.En 2001 se graduó de Berkeley High School. Es ama de casa, trabaja como mesera, es activista y es parte de latinos unidos de Berkeley como una de las mamás líderes. Obtuvo su certificado de CABE. Uno de sus lemas es practicar la no violencia. Su inspiración en sus poemas son: los lugares, los niños del mundo y la gente que va conociendo. Es esposa, es madre de dos hijas, admiradora del arte y la cultura del mundo, ama el lugar donde nacieron sus padres, que es la cultura Oaxaqueña en la mixteca. Sus padres nacieron en un pueblo que se llama Chalcatongo, Oaxaca. Marina cree en la educación, le gusta promover la lectura, le gusta regalar libros a los niños, le encanta escuchar audiolibros. Ha descubierto que ser platicador, no es un defecto, es una virtud. En el camino de participación en la edu

cación de sus hijas ella también se educaba recorriendo aventuras con sus hijas en programas educativos. Aprendió de personas que admira como Alicia Soltero, Lucia Terol, Marie Kondo, Jorge Bucay de quien aprendió mucho. Agradece a este grupo de escritores que hoy la invitan a participar en esta nueva aventura de la cual presume verdadero aprecio, admiración y agradecimiento.
Contacto

Instagram: Poeta_Cruz

Marina Cruz López was born in December 1980, to Mexican parents. He was born in Nezahualcoyotl, Mexico. She studied in the public schools of Nezahualcóyotly two women's schools in Mexico. In 1998, he emigrated to the U.S.A. at the age of 17. In 2001 he graduated from Berkeley High School. She is a housewife, works as a waitress, is an activist and is part of Berkeley United Latinos as one of the leading moms. He got his CABE certificate. One of its mottos is to practice non-violence. His inspiration in his poems are: the places, the children of the world and the people he meets. She is a wife, a mother of two daughters, an admirer of art and world culture, she loves the place where her parents were born, which is the Oaxacan culture in the Mixtec. His parents were born in a village called Chalcatongo, Oaxaca. Marina believes in education, likes to promote reading, likes to give books to children, loves to listen to audiobooks. He has discovered that being talkative is not a flaw, it is a virtue. In the way of participating in the education of her daughters she also educated herself by going on adventures with her daughters in educational programs. He learned from people he admires like Alicia Soltero, Lucia Terol, Marie Kondo, Jorge Bucay from whom he learned a lot. She thanks this group of writers who today invite her to participate in this new adventure for which she boasts true appreciation, admiration and gratitude.

ContactInstagram: Poeta_Cruz

Erica Castro (Estados Unidos - México)

Sin Encajar en Ningún Sitio

Mi padre nació en El Paso, Texas, y mi madre era una inmigrante nacida en Chihuahua, México. Tuve la suerte de aprender español gracias a mi madre. Ella nos hablaba en español y, gracias a ella, los cuatro somos bilingües. Hablábamos principalmente en inglés, y a veces viajábamos a México para visitar a los padres de mi madre después de que ella falleciera cuando yo tenía cinco años. Ahí es cuando usábamos nuestro español, pero la mayor parte del tiempo solo hablábamos inglés. Aunque nací en Texas, tenía raíces mexicanas, pero no sabía cómo identificar o dar sentido a esas partes mexicanas de mí misma.

Durante toda mi vida, sentí que no encajaba en ningún sitio. Eso podía deberse a múltiples razones. Me sentía profundamente insegura debido a la disfunción de mi crianza, pero también porque sufrí acoso durante mi infancia, por lo que toda mi vida sentí que no pertenecía a ningún lugar. Estaba perdida y mi identidad estaba ligada a las personas que me rodeaban. Era hermana, hija, estudiante, pero no tenía ni idea de quién era ni de qué era importante para mí. Era una salvadora y dedicaba mi vida a arreglar y tratar de controlar a los que me rodeaban, para no tener que mirarme a mí misma y arreglarme o curarme.

Una vez que empecé a salir con alguien, mi identidad quedó ligada a la persona con la que estaba. Ya no era Erica, era quienquiera que mi pareja quisiera que fuera. Como resultado, me llevó años conectar conmigo misma como individuo, y mucho más conectar con mi cultura y con quien realmente era.

Estudié en Texas, pero el sistema de educación pública enseña la historia de forma parcial. Nos enseñaban sobre los valientes hombres que murieron en El Álamo, y estas figuras históricas eran veneradas en todo Texas. Había institutos que llevaban sus nombres por haber intentado defender El Álamo hasta la muerte. Lamentablemente, los más de cien tejanos, que eran de ascendencia mexicana, ni siquiera fueron mencionados. Los libros de historia dicen con indiferencia: «Ah, también murieron cien tejanos». No explican qué son los tejanos ni explican su sacrificio. Los tejanos eran mexicanos que se trasladaron a Texas y eran considerados ciudadanos mexicanos, y dieron la espalda a su patria para luchar por la independencia de Texas. La historia la cuentan los vencedores, por lo que, lamentablemente, estos tejanos no fueron mencionados y se les consideró irrelevantes a pesar de que sacrificaron sus vidas y dieron la espalda a su país.

En 1997, me mudé a Los Ángeles y comencé a enseñar inglés en la escuela secundaria. Uno de mis alumnos quería que fuera la asesora de MECHA, pero lamentablemente no tenía ni idea de lo que era eso. Nunca me enseñaron lo que significaba Movimiento Estudiantil Chicanx de Aztlán y lo que representaba, así que rechacé la oferta. Tomé una clase de estudios chicanos en la universidad y conocí varios libros, pero aún así mi identidad xicana se me escapaba.

En la Universidad de Texas en El Paso, había una gran división entre los mexicanos nacidos en Estados Unidos y los mexicanos que viajaban desde Juárez, México, para asistir a la universidad. Me gustaba un chico y parecía que yo le gustaba a él, pero no quería salir conmigo porque era una xicana vendida a los estadounidenses. En aquel momento yo no sabía que era xicana, pero él pasaba tiempo conmigo y me ayudaba con las cosas que me costaban, y se sentía atraído por mí, pero no quería salir conmigo. *Se la Perdio* es un poema que escribí sobre esa experiencia.

Mi transformación como xicana no llegó hasta muchos años después. Me licencié en Historia e Inglés en la UTEP. Estudié ambas materias, pero no había mucha información ni clases sobre el movimiento chicano. Sí que cursé una asignatura de estudios chicanos, pero se centraba en el discurso literario y en filosofía, así que no aprendí nada sobre la historia del movimiento chicano. No fue hasta que trabajé en el distrito escolar de Montebello, donde se implantó el programa de estudios étnicos, que pude sumergirme de verdad en la historia chicana y aprendí tantas cosas que no tenía ni idea de lo que había sucedido porque nunca me lo habían enseñado.

Mi mayor descubrimiento en este viaje de aprendizaje sobre mí misma como xicana fue que me identificaba con las injusticias. Estas personas que sacrificaron tanto para ser escuchadas me allanaron el camino. Si los estudiantes no hubieran hecho huelga y exigido una educación sólida, yo no habría ido a la universidad porque era de ascendencia mexicana, y en muchos casos no se animaba a las mujeres jóvenes a ir a la universidad y se las encaminaba hacia la formación profesional. Esa habría sido mi suerte si esos estudiantes no hubieran hecho huelga durante las huelgas de Los Ángeles.

A través de mi aprendizaje, me enfadé y me impactó la discriminación y las injusticias que sufría la gente por ser mexicana. Aprendí sobre el programa bracero y cómo explotaban a los trabajadores mexicanos haciéndoles trabajar sin descanso y viviendo en condiciones miserables. Aprendí sobre la Operación Wet Back, que era absolutamente repugnante. Esto es muy similar a lo que está sucediendo ahora con la administración actual. Me molesta mucho que tanta gente tenga raíces mexicanas y, sin embargo, se muestre inflexible con estas deportaciones. Me entristece porque siento que mucha gente ha olvidado de dónde vienen sus antepasados. También aprendí sobre los disturbios de los trajes zoot y eso fue ridículo. ¿Cómo se podía culpar a los hombres mexicanos por ser atacados por marineros? Era una locura porque los atacaban y los encarcelaban para protegerlos. Tantas injusticias que volvieron a ocurrirle a nuestro pueblo, a mi pueblo, y que aún hoy siguen ocurriendo. Estudiar el programa de estudios étnicos me ayudó en muchas situaciones porque finalmente me di cuenta de que yo también era chicana y necesitaba identificarme como tal.

Me llevó muchos años identificarme como xicana. Estaba perdida, insegura y sin saber quién era, pero finalmente me encontré a mí misma y conecté con mi identidad xicana. Un momento crucial para mí fue cuando envié mi poema a la antología Somos Xicanas, y el regalo que recibí por ese envío fue ser incluida en ese legendario libro xicano. Estoy ahí, fui elegida y puedo decir que soy verdaderamente xicana.

Not fitting in Anywhere

My father was born in El Paso, Texas, and my mother was an immigrant that was born in Chihuahua Mexico. I had the blessing of learning Spanish because of my mother. She spoke to us in Spanish and because of her all four of us are bilingual. We primarily spoke in English, and at times we would travel to Mexico to visit my mother's parents after she passed away when I was five. That is when we used our Spanish, but most of the time it was just English. Even though I was born in Texas, I had Mexican roots, but I did not know how to identify or to make sense of those Mexican parts of myself.

My entire life, I did not feel like I fit anywhere. That could be for a multitude of reasons. I was deeply insecure with myself due to the dysfunction of my upbringing, but also because I was bullied growing up, so my entire life I felt like I did not belong anywhere. I was lost and my identity was tied to the people around me. I was a sister, a daughter, a student, but I had no idea who I was, and what was important to me. I was a rescuer, and I dedicated my life to fixing and trying to control those around me, so I did not have to look at myself and fix or heal myself. Once I started dating, my identity was tied to the person that I was with. I was not Erica anymore; I was whoever my love interest wanted me to be. As a result, it took me years to connect with myself as an individual much less connect with my culture and who I really was.

I studied in Texas, but the public school system teaches history as one sided. We were taught about the brave men who died at the Alamo, and these historical figures were venerated all over Texas. They had high schools named after them for trying to defend the Alamo to the death. Sadly, the over one hundred Tejanos, who were of Mexican decent, were not even named. The history books nonchalantly say, oh one hundred Tejanos died as well. They do not explain what Tejanos are or they do not explain their sacrifice. Tejanos were Mexicans who moved to Texas, and were considered Mexican citizens, and they turned their back on their homeland to fight for Texas' independence. History is told by the victors, so sadly these Tejanos were not named and irrelevant even though they sacrificed their lives and turned their back on their country.

In 1997, I moved to Los Angeles, and I began teaching high school English. One of my students wanted me to be the MECHA advisor, and sadly I had no idea what that was. I was never taught what Movimiento Estudiantil Chicanx de Aztlan meant and what it stood for, so I declined the offer. I took one Chicano studies class in college, and I was exposed to several books, but still my Xicana identity evaded me.

At the University of Texas at El Paso, there was a big divide between the American born Mexicans, and the Mexican nationals that commuted from Juarez Mexico to attend college. I had a crush on this guy, and he seemed like he liked me, but he would not date me because I was an American sold out Xicana. I did not know I was Xicana at the time, but he would spend time with me and help me with things I struggled with, and he was attracted to me, but would not date me. *Se la Perdio*, is a poem I wrote about that experience.

My Xicana transformation did not come till many years later. I majored in both history and English at UTEP. I studied both those subjects, but there was not a lot of information or lessons on the Chicano movement. I did take that one Chicano studies class, but it centered around literature discourse, and philosophy, so I did not learn about the history of the Chicano movement. It was not until Montebello School District, where I worked, that instilled the ethnic studies program that allowed me to truly submerge myself in Chicano history, and I learned so many things that I had no idea what happened because I was never taught.

My biggest realization in this journey of learning about myself being a Xicana was that I identified with the injustices. These people who sacrificed so much to be heard paved the way for me. If the students had not walked out and demanded a solid education, I would not have gone to college because I was of Mexican decent, and in so many instances young women were not encouraged to go to college and were placed on the vocational track. That would have been me, had those students not walked out during the LA walkouts.

Through my learning, I was angry and shocked at the discrimination and the injustices people suffered for being Mexican. I learned about the bracero program, and how they exploited Mexican workers by having them work and work and had them live in squalor. I learned about Operation Wet Back, which was absolutely disgusting. This is very similar to what is happening now with the current administration. It really bothers me how so many people have Mexican roots but are adamant about these deportations. It makes me sad because I feel so many people have forgotten where their ancestors come from.

I learned about *No Mas Bebes*. These poor women were being sterilized in Los Angeles hospitals without their consent. All the forms were in English, and these women were forced to sign these foreign papers not realizing they were not only signing for their cesarian section, but also to tie their fallopian tubes. How disgusting that these doctors would add sterilization without real consent, and when they went to court, they lost because they signed, but the laws changed, and women were supposed to be given forms in their language after the court case.

I also learned about the zoot suit riots and that was ridiculous. How were Mexican men faulted for being attacked by sailors. It was insane because they were being attacked and jailed for their protection. So many injustices happening again to our people, my people, and yet it is still happening today. Studying the ethnic studies program, it helped me in so many situations because I finally realized that I too was Xicana, and I needed to identify myself as such.

It took me so many years to identify myself as Xicana. I was lost, insecure, and unsure of who I was, but eventually I found myself and connected to my Xicana identity. A pivotal moment for me was when I submitted my poem to the Somos Xicanas anthology, and the gift I received from that submission was being included in that legendary Xicana book. I am there, I was chosen, and I can say I am truly Xicana.

How I became Xicana

Schooled in the racist
Texas public school system
The Mexicans
Were nonexistent
In history books

The Tejanos who
Died fighting
Santa Ana
Were a mere number
Never named

Yet the whites,
Who fought
At the Alamo
Were honored
And venerated

All over El Paso, Tx
Were high schools
Carrying the names
Of white men
Who died at the Alamo

I had not idea
Until UT EL Paso
What a
Xicano was
And what it meant

Schooled by
Xicana Professor
Rosalia Solorzano
Exposing me to
Massacre of Dreamers

Trying to discover
Who

And What I was
Was I a Xicana?
Did I belong?
Being taught by Emma Perez
And reading *Gulf Dreams*
Learning love exists
Crossing genders
It exists merely between humans

Genders are irrelevant

Reading the controversy
Of Perez's essay
Having the chutzpah
To call Octavio Paz
"El Gran Chingon"

Speaking truth
Giving voice
Perez standing in her power
As a Xicana woman
Saying my voice matters

These seeds were planted
At age 22, and yet
My Xicana identity
Evaded me
Still not knowing who I was

Until ethnic studies
Twenty years later
Was incorporated in La schools
I learned a story
I never knew existed

I learned about "No mas Bebes"
These women signing
Their fertility away
Their womanhood chopped
For the preservation of the white man

I was never taught about the bracero
How these men lived in squalor
Exposed to pesticides
Not being paid
Enslaved

I had not idea
There were high school
Walkouts
These brave students
Rebelling against the vocational track

My valedictorian professor at 18 told
"Your track is for secretary; no college
You're female anyway
You will be pregnant soon enough"
Yet, she rose and got her Phd.

These were the women
Who believed in me
Who gave me hope
Exposed me to empowered works
That screamed: You too are Xicana

Cómo me convertí en Xicana

Educada en el racista
sistema escolar público de Texas
Los mexicanos
no existían
en los libros de historia

Los tejanos que
murieron luchando
contra Santa Ana
eran meros números
Nunca se mencionaban sus nombres

Sin embargo, los blancos
que lucharon
en El Álamo
eran honrados
y venerados

Por todo El Paso, Texas,
había institutos
que llevaban los nombres
de hombres blancos
que murieron en El Álamo.

No tenía ni idea,
hasta que llegué a la Universidad de Texas en El Paso,
de lo que era
un chicano
y lo que significaba.

Educada por
la profesora chicana
Rosalía Solórzano,
que me expuso a
La masacre de los Soñadores.

Intentando descubrir
quién
y qué era yo.
¿Era yo una Xicana?
¿Pertenecía a ese lugar?
Aprendiendo de Emma Pérez

Y leyendo Gulf Dreams
Aprendí que el amor existe
Más allá de los géneros
Existe simplemente entre los seres humanos

Los géneros son irrelevantes

Leí la controversia
Del ensayo de Pérez
Teniendo el descaro
De llamar a Octavio Paz
«El Gran Chingón»

Diciendo la verdad
Dando voz
Pérez manteniéndose firme en su poder
Como mujer xicana
Diciendo que mi voz importa

Estas semillas fueron plantadas
A los 22 años, y sin embargo
Mi identidad xicana
Se me escapaba
Aún sin saber quién era

Hasta que los estudios étnicos
Veinte años después
Se incorporaron en las escuelas de Los Ángeles
Aprendí una historia
Que nunca supe que existía

Aprendí sobre «No más bebés»
Estas mujeres renunciando
A su fertilidad
Su feminidad mutilada
Para la preservación del hombre blanco

Nunca me enseñaron sobre los braceros
Cómo estos hombres vivían en la miseria
Expuestos a pesticidas
Sin cobrar
Esclavizados

No tenía ni idea

De que había huelgas
En los institutos
Estos valientes estudiantes
Rebelándose contra la formación profesional

Mi profesora de 18 años, la mejor de la promoción, me dijo:
«Tu camino es ser secretaria; nada de universidad.
De todos modos, eres mujer.
Pronto te quedarás embarazada».
Sin embargo, ella se levantó y obtuvo su doctorado.

Estas fueron las mujeres
que creyeron en mí,
que me dieron esperanza,
que me expusieron a obras empoderadas
que gritaban: «Tú también eres xicana».

Erica Castro es una veterana profesora de inglés de secundaria. Es una poeta que cree que la poesía puede ser un trampolín para la sanación. Actualmente está trabajando en la producción de dos libros: My Silent Voice Unleashed (Mi voz silenciosa liberada) y How to Find Peace through the Grieving Process (Cómo encontrar la paz a través del proceso de duelo). Participó en una colaboración literaria llamada Alive to Thrive (Vivir para prosperar). Es autora colaboradora de Badass Within (La rebelde que hay en ti) y Healing and Growth Book (Libro de sanación y crecimiento), y también ha publicado en Graceful Growth (Crecimiento elegante). Su poesía se publicará en la próxima antología titulada Somos Xicanas, y actualmente Beyond the Veil Press la está publicando en su antología biográfica. Actualmente es editora y acaba de publicar la colección de poesía de Rosalilia M. Mendoza, Lili of the Valley, con prólogo escrito por Luis J. Rodríguez, autor de Always Running. Se dedi principalmente a publicar los trabajos de sus alumnos. Ha publicado dos antologías para la escuela secundaria Schurr, donde trabaja. En 2025, publicó siete autores estudiantiles diferen

Erica Castro is a veteran English high school teacher. She is a poet that feels that poetry can be a stepping stone for healing. She is currently in the book production of publishing both My Silent Voice Unleashed, and How to Find Peace through the Grieving Process. She participated in a bookcollaboration called Alive to Thrive. She is a collaborating author for Badass Within, and Healing and Growth Book she also has published in the Graceful Growth. Her poetry is being published in the upcoming anthology called Somos Xicanas, and her poetry is currently being publishe by Beyond the Veil Press in their Biopic Anthology. She is currently a publisher and just published Rosalilia M. Mendoza's poetry collection Lili of the Valley foreword written by Always Running author Luis J. Rodriguez.She is focused on publishing students' work. She has published two anthologies for Schurr high school, the school she works at. In 2025, she published 7 different student authors.

Dr. Melba del Carmen Victoria Stetz Flores (Puerto Rico - Perú)

Soy Puertorriqueña... y ¡PUEDO!

En este capítulo, compartiré algunas experiencias de vida. Algunas estarán relacionadas con mi lugar de nacimiento, mi género o simplemente mi punto de vista. Mi única esperanza es motivarlos a ver todas las vidas como hermosas y empoderadoras.

Historia

Nuestra condición humana puede hacernos cariñosos, pero también crueles. Por ejemplo, durante los atentados terroristas del 11 de septiembre en Estados Unidos (EE. UU.), vimos mucha discriminación contra las personas de Oriente Medio. Luego, durante la pandemia de COVID-19 (epidemia de coronavirus), vimos lo mismo, pero contra los ciudadanos chinos/asiáticos.

Ahora estamos en 2025, y también podemos ver más actos discriminatorios cometidos contra los hispanos/latinos por parte de EE. UU. El 1 de julio de 2022, la población hispana en EE. UU. era la minoría racial/étnica más grande. Específicamente, el 19.1% de la población total (https://www.census.gov/newsroom/facts-for-features/2023/hispanic-heritage-month.html#:~:text=The%20Hispanic%20population%20of%20the,19.1%25%20of%20the%20total%20population.

"Hispano" se usa típicamente para describir a las personas de un país hispano hablante. "Latinos" es generalmente un término usado para describir a las personas de Latinoamérica...

Sí, hay más de una América. ¡en realidad hay tres! Específicamente: Norte, Centro y Sur-América (https://www.123rf.com/photo_64059128_latin-america-subregions-map-the-subregions-caribbean-north-central-and-south-america-in.html). Ambos términos (hispano y latino) se usan comúnmente como sinónimos.

No entiendo por qué algunas personas hablan de "la bandera Americana" cuando se refieren a la estadounidense. Además, cuando oigo a gente (independientemente de sus afiliaciones políticas) quejarse de que "los mexicanos vienen a América», me pregunto si reprobaron la geografía en la escuela. México, oficialmente llamado los

"Estados Unidos Mexicanos", es un país de Norteamérica.

Nací en la hermosa isla de Puerto Rico (PR)... lo cual no es una "isla flotante de basura...", como se atrevieron a decir algunos ignorantes: https://www.youtube.com/watch?v=bBXiXqRlQM. Está en el Caribe, pero forma parte de EE. UU. PR está en el Caribe, cerca de los continentes americanos. Es el más pequeño de los naranjas en el mapa de arriba.

Nos consideramos hispanos y latinos. Específicamente, somos el resultado de una hermosa mezcla de colonizadores de España, Inglaterra y EE. UU., junto con los extintos (quizás una palabra fuerte, pero precisa) lugareños (taínos) y africanos esclavizados. Por lo tanto, el racismo en la isla no creo que sea un problema grave. Creo que si cometemos segregación en cualquier nivel, está más relacionado al estatus socioeconómico.

Los puertorriqueños tienen una ventaja potencial con respecto a la ciudadanía estadounidense. Después de la Guerra Hispano- Estadounidense (1898), España cedió PR a EE. UU. (en virtud del Tratado de París), convirtiéndolo en un territorio estadounidense. Sin embargo, según la Constitución de EE. UU, no podemos votar por el presidente si vivimos en la isla.

Muchos "estadounidenses" (por ejemplo, nacidos en EE. UU. con una historia limitada/etnocéntrica) nos perciben como hispanos que no somos ciudadanos estadounidenses. Nos piden nuestras "tarjetas verdes" y nos vigilan de cerca cuando estamos en las tiendas... como si fuéramos a robar algo. Lamentablemente, muchos hispanos también tratan a los puertorriqueños con desdén, como si fuéramos algunos de esos estadounidenses que son xenófobos. He visto sus caras de bienvenida cuando les digo que soy hispana. Minutos después, cambiando la mirada cuando se enteran de que soy de PR.

Me alegra tener amigos tanto "estadounidenses" como hispanos. Además, ¡estoy felizmente casada con Tom, un "estadounidense"! Lamentablemente, algunas de las experiencias racistas que he tenido en EE. UU., él las ha experimentado en mi isla ("discriminación inversa"). En estas situaciones, simplemente intentamos empoderarnos mutuamente y perdonarnos lo mejor que podemos.

Cultura

Mi mamá "Mami" también era de PR, y mi papá "Papi" era de Perú (Sudamérica). Se conocieron en un hospital de veteranos de Manhattan, Nueva York. Ella había ido allí a trabajar como dietista. De igual manera, él había ido a trabajar como médico residente.

Me contó la importancia de vestirse con varias capas en Estados Unidos. En concreto, una noche, estaba en bata de dormir. Unos amigos fueron a su dormitorio y los invitaron a comer pizza. Estaba acostumbrada a que los negocios tuvieran el aire acondicionado a tope en nuestra calurosa isla caribeña. Por lo tanto, simplemente se puso su abrigo grueso encima del camisón. Fue un choque cultural sentir la calefacción en la pizzería. ¡Ay, cómo sudaba por dejarse la pijama puesta!

Una experiencia más triste, con la que muchos (por ejemplo, en transición de género) pueden identificarse, fue que "tuvo" que beber y hacer sus necesidades en lugares específicos para personas no blancas estadounidenses. Ejemplos relacionados son estos: https:// digitalcommons.usm.maine.edu/talbot_3dobjects/6/; https://images.app.goo.gl/FdwbhUgdKHLeJ5zc7).

Curiosamente, como puertorriqueños, los peruanos también somos producto de la mezcla racial de Cristóbal Colón. Mi abuelo peruano llamaba a mi abuela "gringa" (blanca), y ella a él "negro"... ¡y compartían la misma cama! Cero racismo! Sólo amor.

Un día, Papi la vió sirviéndose una taza de café y le pidió uno. Bueno, primero debo explicar algunas cosas... Solemos tener una "actitud puertorriqueña" (de ahí el título de este capítulo). Implica mucho orgullo. ¿Recuerdan? ¡Nuestros taínos lucharon por nuestro "Puerto Rico" (que significa ser un rico puerto) contra tres países! Puede que seamos de una isla pequeña, pero tenemos un gran corazón.

Algunas personas que no son puertorriqueñas piensan que siempre estamos "discutiendo" porque hablamos alto, rápido y con las manos. Cuando me casé con Tom, me preguntaba por qué discutía con mis hermanos al hablar por teléfono. Compré esta taza (foto) y le expliqué que somos apasionados. Que él supiera cuándo estoy molesta... Ahora lo sabe.

También somos conocidos por nuestro "Corte de pastelillo". Esto ocurre cuando algunos de nosotros de repente nos adelantamos a otros a toda velocidad y en diagonal. ¡Como si estuviéramos cortando un pastel! ¡Sin semáforos, sin nada! De hecho, mientras buscaba un tema para mi tesis doctoral, sugerí estudiar "Furia en el volante". Sin embargo, mi director de investigación dijo: "¡Eso NO es un tema!". Quizás si hubiera seguido mi instinto, ¡habría escrito un libro sobre ello y me habría hecho multimillonaria!

Mami decía: "¡Yo soy de aquí como el coquí!". (¡Soy de aquí como el Coquí! (nuestra rana arbórea nacional de PR). De igual manera, los incas peruanos, nativos/ locales, también son muy resistentes y están orgullosos (es decir, Machu Picchu es una de las siete maravillas del mundo). Papi entonces decía: "¡Viva el Perú, Cara_ _!" Tom dice que estoy doblemente orgullosa como "Perú-queña" (por Perú y PR).

En cualquier caso, volviendo a su historia de amor, cuando Papi le pidió que le sirviera una taza de café... ¡ella le dijo que se preparara el suyo! Supongo que Papi "no lo entendió" (¿o era masoquista?) ya que empezó a seguirla a todas partes, pidiéndole entonces una "Dieta Especial". Ella no tuvo ningún problema en enviarlo a un nutricionista. Él la miraba con sus ojos verdes y ella lo derretía con su sonrisa.

<u>Sesgo</u>

Mami se unió a un grupo "mariano". En aquel entonces, no entendía por qué formaba parte de un grupo que honraba tanto a María, la madre de Jesucristo. Ahora lo entiendo. Como muchas otras mujeres, este grupo enfatiza la importancia de la mujer. ¡Es un movimiento de empoderamiento similar al #MeToo! He aprendido a hacer lo mismo e inculcarle esa mentalidad a mi maravillosa hija, Victoria. Por eso Tom y yo decidimos ponerle ese nombre.

No solo porque era el nombre de mi abuela paterna, sino también porque significa victoria. ¡Quiero que recuerde que no es un error!

Me alegra que Tom y yo la hayamos criado bilingüe en inglés y español. Me siento mal por muchos niños hispanos que terminan culpando a sus padres por no haber tenido la misma experiencia. Culpo a las presiones culturales y a la ignorancia sobre la ciudadanía. Enseñar dos idiomas a un niño beneficia su cerebro y su futuro. ¡Y además es empoderador!

Siendo una joven oficial en Puerto Rico, tuve que hacer papeleo. Recuerdo que un día, en la oficina, un oficial superior me dijo que "tenía que" maquillarme... Estaba a mitad de mi maestría en psicología. Así que le respondí: "No, eso no es parte de mi descripción laboral" y lo denuncié al oficial de Recursos Humanos. "Ese tipo" nunca más me dirigió la palabra.

Mientras estaba trabajando en Panamá, conocí a su presidente e incluso volé en su avión! Coordiné equipos médicos militares estadounidenses para brindar servicios médicos gratuitos en zonas remotas de Centroamérica y Sudamérica (ver foto). Vi a muchos enfermos y moribundos. Como mi lengua materna es el español, podía escuchar y comprender la agonía. Me alegra que pudieramos ayudar.

Fue un trabajo duro, ya que solo era una teniente y cumplía las funciones de un mayor (unos rangos por encima del mío). Además, aunque estaba acostumbrada al machismo puertorriqueño (y peruano), me cansaba ser tratada como si no fuera suficiente. Podía ver cuántos hombres en estos países parecían tener problemas en trabajar conmigo. Recuerdo haber coordinado una de las estaciones médicas con un coronel en Ecuador... No sabía que hubiera tensión con Perú, así que cuando mencioné a mi padre... la situación se volvió más interesante. Sin embargo, todo se calmó después de que me retara a hacer al menos una flexión junto a él, frente a su pelotón (sólo de hombres).

Al terminar mi doctorado, me convertí en una de los 25 psicólogos investigadores del Ejército de los Estados Unidos (https://a. co/d/1MPLyzE). Vi mucho más sufrimiento durante 9/11 y durante mi despliegue en Irak y Corea. Me alegra haber podido ayudar de muchas maneras.

Dicho esto, me comprometí con Tom durante uno de mis primeros viajes a EE. UU. Un supervisor decidió no enviarme a Bosnia porque creía que probablemente querría quedarme embarazada. ¿Quién le dijo que podía pensar por mí? Lo mencioné, pero como doble minoría (mujer hispana), terminé teniendo que elegir mis batallas.

Irónicamente, los prejuicios de género pueden surgir de cualquier manera. Mientras estaba desplegada (sin mi familia) en Corea, una de mis supervisoras me acosó sexualmente. Por ejemplo, se acercaba a mi oído durante el entrenamiento físico y decía que "no sudaba lo suficiente". Para entonces, era una triple minoría (mujer, hispana, mayor, por edad). Ahora soy mucho más espiritual y ya la he perdonado. Bueno, también porque aprendí que su madre no la cuidaba tanto cuando ella era una niña.

Al igual que muchas mujeres de mi familia, tuve cáncer. El médico solo quería cortar la zona del tumor para "salvar mis senos". Le dije: "¡No!". Las células cancerosas pueden moverse de un seno a otro! Así que hice lo mismo que mi hermana. Me sometí a una amputación total de seno (eufemismo: "mastectomía"). Como las células cancerosas también pueden ocultarse en los pezones, pedí que me los extirparan. Este cirujano también se opuso. ¡Terminó pidiéndole a Tom su opinión, en mi cara! Tom le dijo que era mi decisión.

Otro argumento innecesario y sexista fue sobre los implantes. Ya tenía más de 50 años y estaba cansada de usar sostenes. Sin embargo, durante la cirugía, suelen dejar huecos o espacio para ellos... Así que seguí adelante hasta que... ¡uno me enfermó! Se me hinchó el área y tenía mucho dolor. Por lo tanto, les pedí que me los quitaran para siempre. Los senos no tienen por qué definir el género.

Seis años después de mi primer cáncer, este regresó. Le rogué a mi nueva oncóloga que me hiciera pruebas, pero simplemente me envió a casa. Empecé a desmoronarme. Primero la muela, luego la pierna. Un día, un ojo no cerraba y mi boca se contrajo como si tuviera un derrame cerebral.

Regresé a mi médico de cabecera, quien me envió a una resonancia magnética (con contraste). El cáncer se había extendido/metástasis al cráneo, la columna vertebral y el hígado. Algunos tumores incluso me habían fracturado la columna vertebral. Después de algunas radiaciones y una columna vertebral cementada, ahora estoy en quimioterapias tri-mensuales indefinidas. Hasta ahora, ¡dejaré de tomarlas cuando eliminen el cáncer o el cáncer me mate a mí! Sí, hace más de un año, me dijeron que la mayoría de los pacientes con

mi diagnóstico de cáncer de mamá triple negativo metastásico, en Estado 4, viven de 2 a 5 años. Seguiré rezando porque no sea así mi caso. Pero, si Dios me llama sé que mi familia estará bien y trataremos de comunicarnos.

La vida está llena de experiencias. Algunas son mejores que otras. No hay un solo día en que no le pida a Dios, a la Inteligencia Infinita y a los demás seres espirituales, que me permitan vivir más. Tengo una hija de 20 años, un esposo amoroso, un perro, hermanos, amigos y muchos más. Si no puedo, he tenido una vida maravillosa y espero observar y ayudar desde lejos.

Elige no ser parte de la parte dañina y tóxica de este mundo. Elige un empoderamiento positivo... ¡porque tú puedes!

Fotos familiares /Family photos

Melba Elena Cortés Arill/ Jorge Flores Vilar

María y Tomás (maternal grandparents)

Victoria y Gilberto (paternal grandparents)

Jorge Flores Vilar (Melba's Dad

Dr.
Melba
Stetz

Melba Elena Cortés Arill/ Jorge Flores Vilar

Melba's dad, Luis (brother), Pelé.

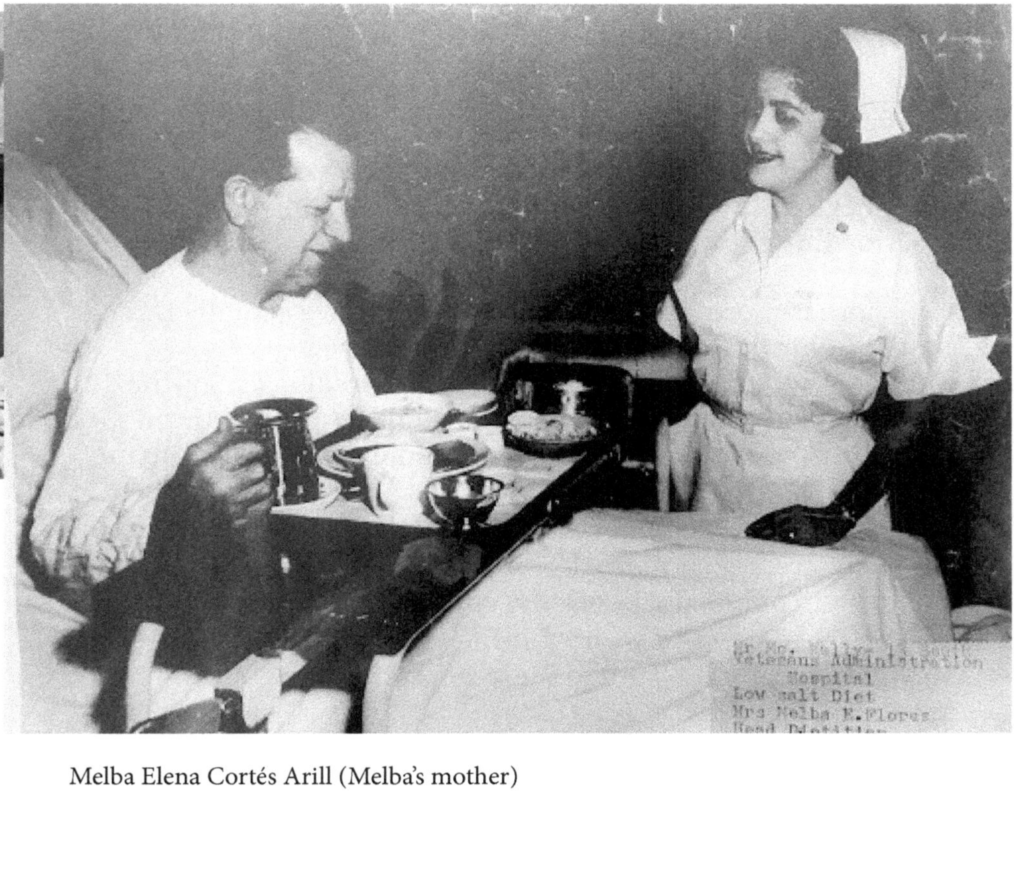

Melba Elena Cortés Arill (Melba's mother)

Melba's
Grandpa

I am a Puerto Ri... CAN!

In this chapter, I will share some life experiences. Some will be related to my place of birth, gender, or just my point of view! My only hope is to motivate you to see all lives as beautiful and empowering.

<u>History</u>

Our human condition can make us loving but also cruel. For example, during the terrorist acts on September 11 in the United States (US) of America, we saw much discrimination against Middle Easterns. Then, during COVID (coronavirus epidemic), we saw the same but against Chinese/Asian citizens.

Now is 2025, and we can also see more discriminatory acts committed against Hispanics/Latinos by the US. As of July 1, 2022, the US Hispanic population is the largest racial/ethnic minority. Specifically, 19.1% of the total population (https://www.census.gov/newsroom/facts-for-features/2023/hispanic-heritage-month.html#:~:text=The%20Hispanic%20population%20of%20the,19.1%25%20of%20the%20total%20population.

"Hispanic" is typically used to describe people from a Spanish-speaking country. "Latins/Latino" is generally a term used to describe those from Latin America...

Yes, there is more than one America. There are actually three! Namely, North, Central, and South America (https://www.123rf.com/photo_64059128_ latin-america-subregions-map-the-subregions-caribbean-north-central-and-south-america-in.html). Both terms (Hispanic and Latins) are commonly used as synonyms.

I do not understand why some people talk about "the American flag" when referring to the US one. Furthermore, when I hear people (despite political affiliations) complaining about "Mexicans coming to America." I wonder if they skipped or failed geography! Mexico, officially the United Mexican States, is a country in North America!

I was born on the beautiful island of Puerto Rico (PR)... which is not a "floating island of garbage...", as ignorant haters might dare to say: https://www.youtube.com/watch?v=bBXiXqRlQM. It is in the Caribbean, but part of the United States (US). PR is in the Caribbean, near the Americas.

We consider ourselves both Hispanics and Latins. Specifically, we are the result of a beautiful blend of colonizers from Spain, England, and the US mixed with the extinct (maybe a strong but accurate word) locals (Taínos) and enslaved Africans. Therefore, racism on the island is not a big thing. I think that if we commit segregation at any level, it is more due to socio-economic status.

Puerto Ricans have a potential advantage regarding US citizenship. After the Spanish-American War (1898), Spain ceded Puerto Rico to the US (under the Treaty of Paris), making it a territory in the US. However, per the US Constitution, we can't vote for the US president if we live on the island.

Many "Americans" (e.g., born in the US with limited/ethnocentric history) perceive us as non-US citizens Hispanics. They ask us for our "green cards" and closely watch us when inside the store--as if we were going to steal something.

Sadly, many Hispanics also treat us Puerto Ricans (with disdain) as if they perceive some xenophobic "Americans"! I have seen some of their initial welcoming faces when I say that I am Hispanic. Minutes later, I typically see the change in their stare when they hear that I am from PR.

I am happy to have both "Americans" and Hispanic friends. Furthermore, I am happily married to Tom, an "American"! Sadly, some of the racist experiences that I have had in the US he has encountered when on my island ("reverse discrimination"). During these situations, we just try to help empower each other and forgive the best we can.

<u>Culture</u>

My mom "Mami" was also from PR, and my father "Papi" was from Perú (South America). They met in a Manhattan, New York veterans' hospital. She had gone there to work as a dietitian. Similarly, he had gone there to work as a medical resident.

She told me the importance of dressing in layers in the US. Specifically, one night, she was in her sleeping gown. Friends came to her dorm, inviting everyone there to go out for pizza. She was used to businesses blasting their air conditioners on our hot Caribbean island. Therefore, she just put her heavy coat over her nightgown.

It was a culture shock to feel the heater in the pizza restaurant. Oh,
how she sweated for leaving her pajamas on!

A sadder experience, which many (e.g., in gender transition, hand-
icap) can relate to, was that she "had" to drink/eliminate in specific
places for non-White American people! Related examples are these:
https://digitalcommons.usm.maine.edu/talbot_3dobjects/6/;
https://images.app.goo.gl/FdwbhUgdKHLeJ5zc7).

Interestingly, as Puerto Ricans, Peruvians are also the product
of Christopher Columbus' mix of races. My Peruvian grandfather
would call my grandma "Gringa" (white), and she would call him
"Negro" (black)... and they shared the same bed! No problem.

One day, Papi saw her serving herself a cup of coffee and asked
for one. Well, I must first explain a few things... We tend to have a
"Puerto Rican Attitude" (hence the title of this chapter). It involves
a lot of pride. Remember? Our Taínos fought for our "Puerto Rico"
(meaning: "rich port") against three countries! We might be from a
small island, but we have big hearts.

Some non-PRs think we are always "arguing" since we talk loudly,
fast, and with our hands. When I married Tom, he would ask me
why I would argue with my siblings when talking over the phone.
I bought this cup and explained that we are passionate when we
speak loudly. That he would know when I am upset. He now knows.

We are also known for our "Corte de pastelillo." This takes place
when some of us suddenly drive in front of others quickly and diag-
onally! Like cutting a pastry! No signal lights, no nothing! In fact,
while looking for a topic for my doctoral dissertation, I suggest-
ed studying "Driving Rage." However, my research director said,
"That's NOT a topic!" Maybe if I had followed my instincts, I would
have written a book about it and become a billionaire!

Mami would say: "Yo soy de aquí como el coquí!" (I'm from here
like the Coqui! (our national PR tree frog). Similarly, the native/
local Peruvian Incas are also very hardy and proud (i.e., Machu
Picchu is one of the world's seven wonders). Papi would then say:
"Viva el Perú, Cara_ _!" (Long live Perú, darn _ _!). Tom says that I
am double-proud as a "Peru-rican!"

At any rate, back to their love story, when Papi asked her to serve
him a cup of coffee... she told him to get his own! I guess Papi
"didn't get it" (or was he a masochist?) as he started following her
around, asking her now for a "Special Diet." She had no problem

sending him to a nutritionist. He would look at her with his green eyes, and she would melt him with her smile.

Bias

Interestingly, Mami became part of a "Marian" group. At the time, I did not understand why she would be part of a group that gave so much honor to Maria, the mother of Jesus Christ. Now, I get it. Like many other women, this group would stress the Virgin's relevance. It is an empowering movement similar to the "#MeToo"! I have grown to do the same and instill that thinking in my wonderful daughter, Victoria. That is why Tom and I decided to give her that name. Not only because it was my paternal grandmother's name but also because it means victory. I want her to remember that she is not a mistake!

I am glad Tom and I raised her bilingually in English and Spanish. I do feel bad for many Hispanic kids who end up blaming their parents for not having the same experience. I blame cultural and scary citizenship pressures and ignorance about it. Teaching a child two languages benefits their brains and their future. It is empowering as well!

While as a young officer serving in PR, I had to do some paperwork. I remember a male senior officer telling me one day in the office that I "had to" put on makeup... I was halfway through my master-level psychology courses. Therefore, I answered, "No, that is not in my job description," and reported him to the S-1 (Human Resources) officer. Needless to say, "that guy" never spoke to me again.

While stationed in Panamá, I met their president and even flew in his plane! I coordinated for US military medical teams to provide free medical services in remote areas in Central and South America. I saw many sick and dying people. Since my first language was Spanish, I would hear and understand their immediate agony. I am glad that we were able to help.

It was a hard job as I was only a Lieutenant doing the job of a Major (a few ranks above mine). Furthermore, even though I was used to some Puerto Rican (and Peruvian) "machismo" (chauvinism), it was not enough. I could see how many men in these countries seemed to have an "issue" having to work with me. I remember coordinating one of the medical stations with a colonel in Ecuador... I was unaware of some tension with Peru, so when I mentioned my father... it became a more "interesting" situation. Nevertheless, it all leveled out after he dared me to do "at least" one push-up next to him in front of his (all-men) platoon.

Once I finished my Ph.D., I became one of 25 research psychologists in the USA Army (https://www.amazon. com/71F-Advantage-Applying-Psychology-Performance/ dp/1907521658). I saw many more during 9/11 and while deployed to Iraq and Korea. I am glad I was able to help in many ways.

That said, I was engaged during one of my first US tours. A male supervisor decided not to deploy me to Bosnia as he thought that I would probably want to get pregnant. Who told him that he could think for me? I brought it up, but as a double minority (Hispanic Female), I ended up having to choose my battles.

Ironically, gender bias can happen in any way. While stationed (without my family) in Korea, one of my female supervisors sexually harassed me. For example, she would get closer to my ear during physical training and claim that I "wasn't sweating enough." Let's just say I had to "go higher" to stop it. By then, I was a triple minority (Hispanic and Older Female). I am way more spiritual now and have already forgiven her. Well, mostly, 'cause I learned that her mother was not that nurturing to her.

Just like many women in my family, I got cancer. The male doctor wanted just to cut the tumor area to "save my breasts." I told him, "No!". Cancer cells can move from one breast to the other. So I did like my sister did. I endured a total breast amputation (euphemism: "mastectomy"). Since cancer cells can also hide in the nipples, I asked for these to be gone, too. This surgeon was also against it. He ended up asking Tom for his two cents, in my face! Needless to say, Tom knew better.

Another needless and sexist argument was about having implants. I was already over 50 and tired of wearing bras. However, during surgery, they tend to leave pockets/space for these... So I went with it until... one got me sick! Therefore, I made them remove these for good. Breasts do not have to define gender.

Six years after my first cancer, it came back. I had begged my new oncologist to test me, but she just sent me home. I started breaking down. First my tooth, then my leg. One day, an eye would not close, and my mouth turned like having a stroke.

I returned to my primary doctor, who sent me for a magnetic resonance imaging test (with contrast). It had spread/ metastasized to my skull, spine, and liver. Some tumors had even fractured (i.e., eaten up) my spine. After a few radiations and a cemented spine, I am now in bi-monthly indefinite chemotherapies. So far, these will stop when either it kills the cancer or the cancer kills me! Yes, over a year ago, I was told that most patients with my Stage 4/terminal diagnosis live 2-5 years.

<u>Conclusion</u>

Again, life should be about sharing and not having supremacy. Potential "White" xenophobics should remember that "America" is, actually, a melting pot. Hispanics with the same type of phobia should remember history (e.g., Fujimori presiding in Peru).

Life is full of experiences. Some are better than others. There is not one day I do not pray to God, Infinite Intelligence et al., to let me live longer. I have a 20-year-old daughter, a loving husband, a dog, siblings, friends, and more. If I can't, I have had a great life and hope to watch and help from afar.

Choose not to be part of the harmful and toxic part of this world. Choose a positive empowerment... because you CAN!

Melba del Carmen Victoria Stetz Flores, Ph.D., LTC (Ret.), CYT, BCN, BCB, tiene tres títulos en Psicología y numerosas certificaciones. Nació en Puerto Rico y trabajó en las tres Américas como parte del Ejército de los Estados Unidos.

Es autora publicada (https://scholar.google.com/citations?USAer=fOhhu-oAAAAJ) y oradora/coach motivacional. Su última publicación (en inglés y español) es "Healing Talks - A Dying Patient's Story" (https://www.amazon.com/author/melbastetz).

Correo electrónico: drmelbastetz@gmail.com
Sitio web: https://drmelbastetz.com
LinkedIn: https://www.linkedin.com/in/dr-melba-stetz/

Melba del Carmen Victoria Stetz Flores, Ph.D., LTC (Ret.), CYT, BCN, BCB has three degrees in Psychology and many board certifications. She was born in Puerto Rico and worked in the three Americas as part of the United States ARMY.

She is a published author (https://scholar.google.com/citations? USAer=-fOhhu-oAAAAJ) and a motivational speaker/coach. Her latest publication (in both English and Spanish) is "Healing Talks- A Dying Patient's Story (https://www.amazon.com/author/melbastetz).

Email: drmelbastetz@gmail.com
Website: https://drmelbastetz.com
LinkedIn: https://www.linkedin.com/in/dr-melba-stetz/

Áurea María Altamirano Cuaresma
(Perú)

Cholito una foto de objetos del cuzco Peru. Foto por Áurea María Altamirano Cuaresma.

El que no tiene inga, tiene de mandinga

Por Áurea María Altamirano Cuaresma

Mi negra,
mi tía me decía,
y ella era la otra tan o más
oscura que yo.

Yo me sonreía no más.

Así es, esa era yo.

La más prieta de entre todas las hijas y nietas
de la sierra,
como semillas regadas en puñado
en mi pequeño pueblo chorrillano,
a las faldas del cerro y del mar,
en Héroes del Pacífico,
en medio del desierto de una Lima modesta.

En mi familia,
Negra,
dicho con cariño,
por mi aceitunada piel y pelo crespo,
que me hacía llorar y esconder debajo de la cama
para evitar confrontar al peine a diario.

Mi negra.
Y eso no me enojaba para nada
hasta después,
cuando supe que la misma palabra
la usaban otros para despreciar.

¿Y qué soy yo ?
¿Quién soy yo?

La verdad no sé si tengo sangre afro,
pero por mi pelo pareciera que sí.

Mis primos y yo vinimos en un abanico

de tonos y con diferentes facciones.

Ya te he dicho que en Perú
si no tenemos de inga, tenemos de mandinga.
Y ese es mi tesoro.

Lo serrano, o lo afro no se me quitará
nunca.
Mi sangre Inca tiene la mancha
española africana.
Soy parte mestiza.
No tengo porque negarlo.
Si tú no me ves, o no lo sabes apreciar,
no me importa ya.

Me tomó demasiado tiempo
encontrarme a mí
para tener que aguantar las dudas
de otros.

Porque ahora sí sé lo que soy.
Todavía soy una princesa Inca, aunque perdida
entre las enredaderas y vacíos de mi propio árbol
genealógico.
Necesito abrazarlo con todo y sus espinas.
Sólo debo encontrarle la forma tomarlo,
y que no me corte la piel.
Abrazándo y dejando que cada herida de él me hable,
lo hará más digerible y entrañable.

Y se enraizará también en mí,
con el brillo y la humanidad prometida.
Ya no con más, con miedo o rencor.

Mis raíces de Ayacucho y Apurímac no me dejarían
mentir nunca.
Aunque Lima me haya visto crecer.
Aunque U.S. me haya recibido con sus brazos abiertos
a su manera;
poniéndome mil pruebas como a todo inmigrante.

Nunca podría
y no quiero ocultar
mis orígenes.

Soy mestiza, sí.
Pero más hija de los Apus
que nada.
Nieta de esos cerros del Sara Sara.
Lo siento aquí dentro.
Soy peruana.
Y tengo de inga y de mandinga.

Glosario
Inga: De ascendencia Inca
Mandinga: De ascendencia de África

Who does not have of inga, has of mandinga
By Áurea María Altamirano Cuaresma

Mi negra,
my aunt used to tell me,
and she was the other one as or darker
than me.

I just smiled.

That's right, that was me.

The darkest among all the daughters and granddaughters
of the highlands
like seeds sprinkled in handfuls
in my little town of Chorrillano,
at the foot of the hill and the sea,
in Héroes del Pacífico,
in the middle of the desert of a modest Lima.

In my family,
Negra,
said with affection,
because of my olive skin and frizzy hair,
which made me cry and hide under the bed
to avoid confronting the comb daily.

Mi Negra.
And that didn't bother me at all
until later,
when I learned that the same word
was used by others to despise.

And what am I?
Who am I?

I don't really know if I have Afro blood,
but because my hair it looks like I do.

My cousins and I came in a range of shades and different

of tones and with different features.

I have already told you that in Peru
if we don't have of Inga, we have of Mandinga.
And that is my treasure.

The serrano, or afro, will never be taken away from me,
never.
My Incan blood has the Spaniard
stain,
that carries the African DNA.
I am part mestizo.
I don't have to deny it.
If you don't see me, or don't appreciate it,
I don't care anymore.

It took me too long
to find me.
To have to put up with the doubts
of others.

Because now I do know what I am.
I am still an Incan princess, although I am still lost
among the vines and voids of my own family
tree.
I need to embrace it with all its thorns.
I just need to find a way to take it,
so that it doesn't cut my skin.
Embracing it and letting every wound of it speak to me
will make it more digestible, endearing.
And it will also take root in me
with the brightness and humanity promised.
No longer with fear or anger.

My roots of Ayacucho and Apurimac would never let me lie.
Although Lima has seen me grow up.
Even though the U.S. has welcomed me with open arms
in its own way,
putting me through a thousand tests like any other immigrant.
I could never

and I do not want to hide
my origins.

I am mestizo, yes
But more daughter of the *Apus*
than anything else.
Granddaughter of those montains of the Sara Sara.
I feel it here inside.
I am Peruvian.
And I have inga and mandinga.

Glossary
Inga: Of Inca descent
Mandinga: Of African descent

Viaje a nuestras raíces

Por Áurea María Altamirano Cuaresma

Casi sin aliento,
    ¡El último escalón en la última *Apu* montaña y hemos llegado!

Y El milenario aire Inca ingresó a mis pulmones de treinta y tantos,
casi asfixiándome en curación.

    ¡Estamos en casa! Estamos en casa!

Nuestros ojos comenzaron a llover bajo el sol.
Mientras que el reflejo de espléndidos horizontes llenos de verdes montañas.
nutrían nuestras anémicas almas .

Estas tierras nos reconocieron incluso antes de nacer.

Nuestra casa que pensamos robada, para siempre,
de las manos de nuestra madre, cuando apenas una adolescente,
sigue siendo nuestra!

Pertenece a nuestros corazones,
como nosotros pertenecemos a las historias de su interior,
y nos ha estado esperando todas estas décadas.
Podemos sentirlo por los poros de la piel.

El agradable semi voluptuoso ojo de agua
de la narración de nuestra infancia,
guardián solitario de nuestra abusada casa cuasi fantasmal,
nos da la mano de bienvenida, invitándonos a saltar en él.
Es surrealismo puro.

-

Sabías que veníamos.
Nuestro camino a tí, ha sido de muchas montañas rocosas y abismos;
entre mareos, discusiones, agotamiento, una sed infernal y falta de aliento,
revelaciones de secretos familiares, artritis, y lágrimas de ira, remordimiento, y culpa

hacia la reunión y la alegría.

La boca de mamá llora; el deseo de la abuela fue concedido!
mientras sostiene las manos de sus hijas y ellas, las de su nieto.

Con una lágrima en mi mejilla, solamente puedo decirme a mí misma; Gracias Dios
por la loca terca cabeza dura, llena de ideas imposibles sobre mis hombros.

Todo valió la pena.
        La familia es nuestro único verdadero tesoro.

Publicado en *Mariposa de Fuego: Un Camino al Empoderamiento, 2024,* por Daxson Publishing

Glosario:

Apu (in quechua): En la cultura inca, el término "Apu" se asociaba también con las montañas sagradas. Los Apus eran considerados espíritus protectores de las comunidades, los territorios y la naturaleza.

Journey to Our Roots
By Áurea María Altamirano Cuaresma

Almost breathless,
The last step on the last *Apu* mountain and we've arrived!

And the ancient Inca air entered my thirty-something lungs,
almost suffocating me with healing.

We're home! We're home!

Our eyes began to water in the sun,
while the reflection of splendid horizons filled with green mountains
nourished our anemic souls.

These lands recognized us even before we were born.

Our home, which we thought was stolen, forever,
from our mother's hands when we were barely a teenager,
is still ours!

It belongs to our hearts,
as we belong to the stories inside them,
and it has been waiting for us all these decades.
We can feel it through the pores of our skin.

The pleasant, semi-voluptuous spring
of our childhood story,
the solitary guardian of our abused, almost ghostly home,
welcomes us, inviting us to jump in.
It's pure surrealism.
-
You knew we were coming.
Our path to you has been over many rocky mountains and chasms;
between dizziness, arguments, exhaustion, a hellish thirst and
shortness of breath,
revelations of family secrets, arthritis, and tears of anger, remorse,
and guilt
toward reunion and joy.

Mom's mouth weeps; Grandma's wish was granted!
as she holds her daughters' hands, and they, her grandson's.

With a tear on my cheek, I can only say to myself: Thank you God
for the crazy, stubborn, hard head, full of impossible ideas on my
shoulders.

It was all worth it.
Family is our only true treasure.

Published in *Mariposa de Fuego: Un Camino al Empoderamiento,
2024,* by Daxson Publishing

Glossary

Apu (in Quechua): In Inca culture, the term "Apu" was also associated with sacred mountains. The Apus were considered protective
spirits of communities, territories, and nature.

El Llamado Materno
Por Áurea María Altamirano Cuaresma

Perú

Con toda su comida deliciosa en furor y color.
Su música de quenas, zampoñas, y cajón.
Y muchísima de su gente tan bromista,
amable y amigable.

Y sus montañas de Ayacucho,
me llamaron también con su voz de *Yaraví*
en sus susurros sus poemas,
y su misticismo se me entremetió en las venas.
Entre colegas y compatriotas,
sabemos que yo las extraño,
como extraño a abuelita
en las historias de mi padre y tías.

Navegue la sierra para verla por última vez,
A cuestas con mi *wawa*,
para escucharla de veras,
con mis oídos limeños empezando a florecer
su poco quechua.

Sembrando una memoria invaluable.
Raíz en el retoño verde, hijo del futuro,
antes que el lazo físico vuelva a las estrellas.

Los tres juntos
por primera y última vez.

Mirándome a los ojos me dijo -
"Qanmi sonqoyta huntachinki kusikuymanta"

Cogiéndonos las manos nos dijo -
"Kusikuni sapa p'unchaw qampaq llamk'aspa"

Y casi no me conocía,
pero sabía de mí y de mi hijo.

Casi ya no veía.
Casi ya no escuchaba.

Pero caminaba
y sentía fuerte, como un roble
todavía.

Abuelita que nunca habló otra lengua
más que su lengua materna.

Y yo vine a verte *jatun mama*.

Regresé a rescatar su legado.

De aunque sea unos minutos
redibujar esta historia intergeneracional
que me heredaste.

Este mapa a seguir.
El inicio de mi tarea
está cumplida.

Se abrió un nuevo capítulo
de nuestras vidas.

Published in *Mariposa de Fuego: Un Camino al Empoderamiento, 2024,* by Daxson Publishing

Glossario

Wawa (en quechua): Bebé o niño pequeño.
Jatun mama (en Quechua): Mama grande o abuela.

Qanmi sonqoyta huntachinki kusikuymanta (en quechua)*:* Tú llenas mi corazón de alegría.
Kusikuni sapa p'unchaw qampaq llamk'aspa (en quechua): Estoy

feliz de trabajar por ustedes todos los días

The Maternal Call
By Áurea María Altamirano Cuaresma

Peru

With all its delicious food, its fury and color.
Its music of flutes, panpipes, and cajón.
And so many of its people, so playful,
kind, and friendly.

And its mountains of Ayacucho,
also called me with their Yaraví voice,
in their whispers, their poems,
and their mysticism permeated my veins.
Among colleagues and compatriots,
we know that I miss them,
like I miss Grandma
in the stories of my father and aunts.

I sailed the mountains to see her for the last time,
On my back with my *wawa*,
to truly hear her,
with my Lima ears beginning to blossom
their little Quechua.

Sowing an invaluable memory.
Rooted in the green shoot, child of the future,
before the physical bond returns to the stars.

The three of us together
for the first and last time.

Looking into my eyes, she said,
"Qanmi sonqoyta huntachinki kusikuymanta."

Holding our hands, she said,
"Kusikuni sapa p'unchaw qampaq llamk'aspa."

And she barely knew me,
but she knew about me and my son.

I could barely see.
I could barely hear.

But I walked
and felt strong, like an oak
still.

Grandma who never spoke any language
but her mother tongue.

And I came to see you, *jatun mama.*

I returned to rescue her legacy.

For even a few minutes,
to redraw this intergenerational history
that you left me.

This map to follow.
The beginning of my task
is accomplished.

A new chapter has opened
in our lives.

Published in *Mariposa de Fuego: Un Camino al Empoderamiento, 2024,* by Daxson Publishing

Glossary

Wawa (in Quechua): Baby or young child.
Jatun mama (in Quechua): Grandmother
Qanmi sonqoyta huntachinki kusikuymanta (in Quechua): You fill
my heart with joy.
Kusikuni sapa p'unchaw qampaq llamk'aspa (in Quechua): I am
happy to work for you every day.

Papa Apu,
Por Áurea María Altamirano Cuaresma

Desde allí que nos ves,
¿Qué es lo que piensas de nosotros?

¿Qué estamos haciéndole a tu madre?

Somos criaturas
que aún no están al nivel de conciencia que creemos.
Qué porque hacemos yoga, or DIY
o social media,
ya creemos saberlo todo.

Creemos poder hacer todo.
¿Pero qué pasa cuando estamos destruyendo
nuestro propio hogar?

¿Qué haces cuando tus niños se autodestruyen
tan descarada y estúpidamente?

A un niño inocente se le rompería y rasgaría el alma.
Y aún así gritaría su alma en protesta,
o patearía puertas para hacerse escuchar
y poder defender lo suyo.
Porque son verdaderos con sus sentimientos.
Son leales a ellos mismos.

¿Y qué nos pasa a nosotros?
¿Por qué seguimos escupiendo al cielo?
¿Y ni siquiera queremos ver
cuando se nos cae en la cabeza?

Los glaciares se derriten y ya se dejan derrotar
casi tan rápido como un simple helado.
Las llamas vivas de los animales van extinguiéndose.

A quién respetamos entonces,
sino ni siquiera a la madre de todo, la
naturaleza ?

¿Quizás a Dios ?
¿O sólo a una moda dictada por el ego?

Como siguiendo al líder cruel,
Es ir detrás de cómo una mentira con patas cortas,
Una oveja con garras ponzoñosas.
Ir detrás de ella como hipnotizadas

Porque pareciera que no nos molestara la destrucción
en nuestro corazón
Y a muchos no les fastidia, sino les da tanta ilusión el desarrollo
Como si comiéramos desarrollo.
La construcción que te clava en tus pulmones.
Como si nuestro Amazonas fuera una mera decoración,
un juguete, un prop
Y no los meros pulmones del mundo.

¿Es esto pura envidia o estupidez?
¿Es ésta sólo aprendida o heredada?

Estamos condenados a la
deforestación,
La pérdida de biodiversidad
Y diversidad
Aún estamos a tiempo de cambiar el futuro.

Papa Apu,
By Áurea María Altamirano Cuaresma

From where you see us,
what do you think of us?

What are we doing to your mother?

We are creatures
who are not yet at the level of consciousness we believe.

Because we do yoga, or DIY
or social media,
we already think we know everything.

We think we can do everything.

But what happens when we are destroying
our own home?

What do you do when your children self-destruct
so blatantly and stupidly?

An innocent child's soul would be torn and ripped.
And yet they would scream their soul in protest,
or kick down doors to be heard
and defend what is theirs.
Because they are true to their feelings.
They are loyal to themselves.

And what happens to us?
Why do we keep spitting at the sky?
And we don't even want to see
when it falls on our heads?

The glaciers are melting and are already being defeated
almost as quickly as a simple ice cream.
The living flames of animals are being extinguished.

Who do we respect then,

but not even the mother of all,
nature?
Perhaps God?
Or just a fashion dictated by ego?

As if following a cruel leader,
It's like following a lie with short legs,
A sheep with poisonous claws.
Following it like hypnotized

Because it seems as if we aren't bothered by the destruction
in our hearts
And many aren't bothered, but rather are so excited by development
As if we were eating development.
The construction that stabs at your lungs.
As if our Amazon were a mere decoration,
a toy, a prop
And not the mere lungs of the world.

Is this pure envy or stupidity?
Is this just learned or inherited?

We are condemned to
deforestation,
the loss of biodiversity
and diversity.
We still have time to change the future.

Más Peruano que la papa
Por Áurea María Altamirano Cuaresma

Uno de los nuestros, en el Vaticano.

Los chiclayanos andan bailando en una pata.
Con una sonrisa de oreja a oreja.
Festejando y saltando.

El Papa, una autoridad en el mundo,
con influencia categóricamente amplia,
fue obispo de Chiclayo
y vicepresidente de la Conferencia Episcopal en Lima,
Mandando saludo directamente a los suyo allá
en la tierra de la primavera.

¡Qué lindo, qué ricos somos !
Ni ganar el mundial
le hubiera dado tanta alegría al pueblo peruano.
Por tener al Papa de nuestro lado.
Y no es que sea una católica acérrima.
Pero ya era hora de que el Perú
esté en boca de todos.
Por su comida, por su música y ahora por el Papa,
Y ni que se diga por sus cuatro mil tipos de papa.
El Papa y la papa para pa pa.

No es del país del más norte.
Es nuestro, un peruano más.
Quizá el más querido, quizá el más peruano ahora.
Se le ve la chispa peruana en el brillo de sus ojos, y su sonrisa.

Si a él lo conquistó, lo flechó la experiencia
de que le regalaran un chullo a los cinco años.
Imagínate que haría que nuestros niños latinos, peruanos,
conocieran más de lo suyo, desde pequeños.

More Peruvian than the potato
By Áurea María Altamirano Cuaresma

One of our own, in the Vatican.

The people of Chiclayo are dancing on one leg.
With a smile from ear to ear.
Celebrating and jumping.

The Pope, a world authority,
with categorically broad influence,
was the bishop of Chiclayo
and vice president of the Episcopal Conference in Lima,
Sending his greetings directly to his people there
in the land of spring.

How wonderful, how rich we are!
Not even winning the World Cup
would have brought so much joy to the Peruvian people.
To have the Pope on our side.
And it's not that I'm a staunch Catholic.
But it was about time Peru
was on everyone's lips.
For its food, for its music, and now for the Pope,
Not to mention its four thousand types of potato.
The Pope and the potato para pa pa.

He's not from the northernmost country.
He's ours, just another Peruvian.
Perhaps the most beloved, perhaps the most Peruvian now.
You can see the Peruvian spark in the brightness of his eyes and his
smile.

If he was won over, it was the experience
of being given a chullo at the age of five that struck him.
Imagine what it would do to our Latin American, Peruvian,
children, to learn more about their culture from a young age.

El ingenio peruano y latino salvarán la Tierra
Por Áurea María Altamirano Cuaresma

Que si no las hay, se la inventan.

Desde ciencia y matemática
a los negocios a gran escala,
robándole luz a las plantas
como el ingeniero peruano Hernán Asto
con su startup *Alinti* lo logró después de tanto intentar
en la azotea de su casa.
O creando la respuesta a la desnutrición del mundo
en unas barritas de quinua, maca y otros superalimentos.
Ni y menos la UNI me podría desmentir.

¿Qué digo ?
La pura verdad.

Así somos los latinos y más los peruanos.

Enraizados en cuidar a *Pachamama*
Por ritual quizás,
por ahorrar claro está.
por el ingenio que papá Dios y papá Sol
nos heredaron.

De una ropa nace una pijama,
un traje para hacer ejercicios,
o para ir a la pichanguita.
y después un trapo para limpiar la cocina
o una cama para los perrunos.

O si no va por ese rumbo,
una bolsa, un mandil,
un peluche o una pelota.
El re-usar está en nuestra sangre

Y más,
el ahorrar el agua es una religión,

es como cuidar a la madre.
Agua de lavado de arroz,
Para fortalecer el cutis, endurecer las uñas
para regar las plantas, para el baño,
y miles usos más.

Y ahorrar cada moneda es una misión ultra imposible
hecha posible a cachetadas de amarrarse bien los bolsillos,
porque el dinero no crece en los árboles.

Allí está el infame menú de diez soles de Dina,
ironía de la vida,
de una mala broma a pintar la dura realidad
y el pan de cada día para muchos.

Pero al mal tiempo buena cara,
y apechúgale,
aunque no veas una pechuga de pollo en tu plato
por un buen... tiempo.

Y seguimos,

De una buen vaso de chicha,
Debe, tiene que salir, sería un pecado sino,
un bocadillo de los granos del choclo morado
para la tardeada en familia,
un agua de tiempo de la piña que quedó
para los tíos y primos,
la merienda para los pollos o los patos,
y agua medicinal para las plantas.

De una bolsa de plástico,
antes una mochila escolar provisional,
ahora una bolsa para las compras, *storage*,
una tapadera para los baldes de agua,
o una bolsa para la basura del baño.

Ni que se diga,

de un pote de mantequilla,

el más multiusos de todos.
Más bien dímelos tú.

Y dime también,
¿Estás haciendo tú tu parte?

Glosario
UNI: Universidad Nacional de Ingeniería de Perú.
Pichanguita: Juego de fútbol entre amigos.
El menú de Dina Boluarte, (la actual presidenta de Perú), quien comentó que es posible cocinar un almuerzo completo; con plato principal, bebida y postre con diez soles (10 soles = 2.70 doláres)
Soles: Moneda peruana oficial

Peruvian and Latin American ingenuity will save the Earth
By Áurea María Altamirano Cuaresma

If it doesn't exist, they'll invent it.

From science and mathematics
to large-scale business,
stealing light from plants
as Peruvian engineer Hernán Asto
achieved with his startup Alinti after so many attempts
on the rooftop of his house.
Or creating the answer to global malnutrition
in bars made with quinoa, maca, and other superfoods.
Not even the UNI could prove me wrong.

What am I saying?
The pure truth.

This is how we Latinos are, and even more so Peruvians.

Rooted in caring for *Pachamama*
As a ritual perhaps,
to save money, of course.
because of the ingenuity that Papá Dios and Papá Sol
bequeathed to us.

From a piece of clothing, pajamas are born,
a suit for exercising,
or for going to the pick-up game.
And then a rag to clean the kitchen
or a bed for the dogs.

Or if it doesn't go that way,
a bag, an apron,
a stuffed animal, or a ball.
Reusing is in our blood.

And what's more,
saving water is a religion,
it's like taking care of your mother.

Rice washing water,
To strengthen your skin, harden your nails,
to water the plants, for the bath,
and thousands of other uses.

And saving every coin is an ultra-impossible mission
made possible by tying your pockets tight,
because money doesn't grow on trees.

There's Dina's infamous ten-soles menu,
life's irony,
from a bad joke to a painting of harsh reality
and the daily bread for many.

But when times are tough, put a brave face on it,
and face it,
even if you don't see a chicken breast on your plate
for a good... while.

And we continue,

From a good glass of chicha,
It must, it must come out, it would be a sin if not,
a sandwich made with purple corn kernels
for the afternoon family gathering,
a water from the pineapple leftover
for the uncles and cousins,
a snack for the chickens or ducks,
and medicinal water for the plants.

From a plastic bag,
once a temporary school backpack,
now a shopping bag, a storage bag,
a lid for the water buckets,
or a bag for the bathroom trash.

Needless to say,

from a butter pot,
the most multipurpose of all.

Rather, you tell me.

And tell me also,
Are you doing your part?

Glossary
UNI: National University of Engineering of Peru
Pichanguita: Soccer match between friends.
Dina Boluarte's menu (the current president of Peru), who com-
mented that it is possible to prepare a complete lunch, including
a main course, a drink, and dessert, for ten soles (10 soles = 2.70
dollars).
Soles: Official Peruvian currency

Soy mi propio sueño americano
Áurea María Altamirano Cuaresma

Soy de aquí y soy allá.
Soy ambiguedad.

Aunque este en en otro país,
tenga otra edad,
y esta sea casi otra vida,
la que no es otra soy yo.
Soy esa misma y no.
Y todo está bien.

He crecido,
de mil maneras y circunstancias
diferentes a las esperadas.
Y sólo la que tiene la fuerza para acercarme
a mis propios sueños, soy yo.

Estoy viviendo mi propio sueño Americano.
Siempre lo viví
y a la vez estoy diseñando uno único para mí.

Primero porque América fue mi casa desde antes
y siempre.
Viví en Perú, país situado en América,
en el noroeste de su sur.

Soy Peruana.
Bailé Marinera Limeña y Norteña.
Y le di duro al zapateo.
Festejo y Landó,
y de nuevo un zapateado intenso,
embalsamada en música Afroperuana.
Huayno de la sierra
y de nuevo el otro zapateo
sólo que del sur.

Comí de sus delicias culinarias,
En los estilos pueblerinos de asentamiento humano,

No importa, y sí, porque viví nuestra realidad.
Lo que costeaba un sueldo sencillo.
Ganado con mucho mucho sudor
y trabajo.

Desde las más diarias
como el simple estofado de pollo,
chanfainita, mondonguito
a las reservadas para los cumpleaños,
tallarines verdes, saltado de pollo,
y mis favoritas, papas rellenas.
Que mi madre me hacía preparármela
pero para todos, con ella.

Y otras no tan favoritas pero necesarias
como la humilde
sopa de patita de pollo,
y por la que las mamás ahorraban tanto,
sopa de pata de vaca,
muy rica en colágeno para los huesos.
Aunque un poco en contra de mi voluntad
me la tenía que comer.
No podría darme el lujo de estar enferma, ¿verdad?

Soy toda esa riqueza,
y también soy más,
porque soy Latina,
soy el reflejo en el complementario
de los nativos americanos también.

Soy hija del sol y de la luna
como toda nuestra gente.

Soy del país que me vio nacer,
pero ahora soy también
de esta tierra de más al norte
que me ve madurar mi conciencia.

Soy esa y más.
Soy mi sueño americano, peruano, latino.

Soy el sueño de mis padres y más.
Mis ancestros,
los quechuas, los aymaras, y más
trascienden a través de mí.
Soy su legado,
su orgullo.

Por fin lo logré entender.

Estoy viviendo
mi mejor versión.
Soy lo mejor de los dos mundos.

Glosario
Zapateo: Estilo de paso de danza en el Perú, proveniente de la cultura afroperuana.

Glosario
Zapateo: Estilo de paso de baile basado en el golpeteo de pies, presente en danzas afroperuanas, andinas y costeñas.

I am my own american dream
By Áurea María Altamirano Cuaresma

I am from here and I am there.
I am ambiguity.

Even if I am in another country,
I am another age,
and this is almost another life,
the one that is not another, is me.
I am the same and not.
And everything is fine.

I have grown,
in a thousand ways and circumstances
different from what I expected.
And only the one who has the strength to bring me closer
to my own dreams, is me.

I am living my own American dream.
I have always lived it
and at the same time I am designing one unique for myself.

First, because America was my home before
and always.
I lived in Peru, a country located in America,
in the northwest of its south.

I am Peruvian.
I danced Marinera Limeña and Norteña.
And I gave a hard *zapateo*.
Festejo and Landó,
and again an intense *zapateado*, Afro-Peruvian music.
Huayno of the highlands
and again the other *zapateo*
only that now from the south.

I ate their culinary delights,
In the village styles of human settlement,

It doesn't matter, and yes, because I lived our reality.
What a simple salary afforded.
Earned with much much much sweat and work.

From the most daily
as the simple chicken stew,
chanfainita, mondonguito
To those reserved for birthdays,
tallarines verdes, estofado de pollo.
And my favorite, *papas rellenas.*
My mother used to make me do it for myself
but for everyone, with her.

And others not so favorite but necessary
like the humble
sopa de patas de pollo,
and for which moms used to save so much,
cow's foot soup,
very rich in collagen for the bones,
although a little against my will
I had to eat it.
I couldn't afford to be sick, could I?

I'm all that richness,
and I'm also more,
because I am Latina,
I'm the reflection in the complementary
of the Native Americans as well.

I am the daughter of the sun and the moon
like all our people.
I am from the country where I was born,
but now I am also
of this land further north
that sees me mature my conscience.

I am that and more.
I am my American, Peruvian and Latina dream.
I am my parents' dream
and more,

my ancestors,
Los Quechua, Aymara, and more,
my ancestors transcend through me.
I am their legacy,
their pride.

I finally got it.

I am living
my best version.
I am the best of both worlds.

Glossary
Zapateo: A style of dance step based on foot tapping, present in
Afro-Peruvian, Andean, and coastal dances.

Nuestra casa, nuestra madre
Por Áurea María Altamirano Cuaresma

No estoy traspasando fronteras y sí,
porque estoy,
         aún vivo en mi casa,
              América.
Sólo estoy navegándola,
como cualquier buen Americana
que debe conocer sus tierras.

Primero soy de aquí.
Y segundo, fronteras, son sólo demarcaciones físicas,
algo dibujado para un disque orden,
pero pintan más obstáculos mentales para dividir.

¿Pero quién expulsa, excluye?

Dime, desde cuando una madre excluye a sus hijos.
Qué no ves,
América sólo nos abraza,
abriga, alimenta y acoge.

¿La cultura, entonces?

No.
Los Incas, los Mexicas, los Mayas conquistaban
a través de guerras si, a veces.
Pero a veces también por acuerdos,
estrategias, uniones.
Y luego quiénes son los salvajes?

Si nosotros no fuimos conquistados,
sino invadidos, manipulados,
pisoteados, esclavizados y asesinados,
y usando a nuestra propia religión incaica
como arma en contra nuestra.

Nuestra cultura no es tirana.
Ella también es hija de América.

Nosotros los hijos directos de América
reconocemos a nuestra madre.

América, no es esa bruja
Que furiosa odia a sus propios hijos.
No, así no.
Así nunca.

América será grande otra vez
cuando abra los ojos y se limpie las enormes
legañas de sus propios parásitos,
que le chupan la sangre,
                              el brillo.
Que la arrancan de sus propias
                              raíces
con espejismos
y disociaciones de la realidad,
                              la humanidad
y toda lógica.

Porque Amar al prójimo, y hasta amarse a uno mismo,
es respetar sus orígenes.

América,
resurgirá
          y no por un dios de ego de papel.

Si Dios existe,
es en la mano que se le da a un caído,
                              a un hermano.
A un niño desprotegido
nacido en su tierra.
No en esa vana y ciega fe
en cualquier líder opresor.
con boca más grande
que corazón.

América,
amo tanto, hasta
          a hijo de otros.

Que los anido sin pensar que le cortarían el cuello.
Y la dejarían tirada, ahí,
                              desangrando.
Mientras ellos pisotean sobre su alma, ahí,
                                        bailando.
Mordieron la mano que les dio de comer.

Sólo cada uno tiene el poder
de ver a su madre, a los ojos.
y verse a sí mismo,
animándonos a ser lo que somos
en toda la extensión de la palabra,
Inmigrantes.

Inmigrantes latinoamericanos,
héroes de nuestra propia América.

Contra todo,
y contra todos los que la humillan.
¿Quiénes son ellos ?

¿La mayoría?
No. No son nadie,
para hablar sin experiencia.
Nuestra experiencia latinoamerica
nadie no las arrancará de las venas.

¿Y nosotros?
Sólo debemos preocuparnos de quién somos
para nosotros mismos.

Nosotros no somos poca cosa.

Bórrate esa lavada de cerebro.
Somos la mayoría, la base
de América en tantas formas.

Y sí,
nosotros somos los primeros hijos
Si ellos no lo ven, no importa.

Nosotros sí.
            ¡Veámoslo, seámoslo!

Nuestra identidad
sólo depende de nosotros.

Sí estamos traspasando fronteras,
tú y yo, nosotros
creando hermandad,
unidad de nuestros pueblos en esta nuestra casa
América, nuestra Madre.

Our home, our mother

By Áurea María Altamirano Cuaresma
I am not crossing borders and yes,
because I am,
          still living in my home,
                  America.
I'm just navigating it,
like any good American
who must know her land.

First, I'm from here.
And second, borders are just physical demarcations,
something drawn for a so-called order,
but they paint more mental obstacles to divide.

But who expels, excludes?

Tell me, since when does a mother exclude her children?

Don't you not see,
America only embraces,
shelters, feeds and welcomes us.

Culture, then?

No.
The Incas, the Mexicas, the Mayans conquered
through wars, yes, sometimes.
But sometimes also through agreements,
strategies, unions.
And then who are the savages?

We were not conquered,
but invaded, manipulated,
trampled, enslaved and murdered,
and using our own religion
as a weapon against us.

Our culture is not tyrannical.
It too is a child of America.

We the direct children of America
recognize our mother.

America is not that witch
Who furiously hates her own children.
No, not like that.
Never like that.

America will be great again
when it opens its eyes and wipes away the enormous
of its own parasites,
that suck the blood out of it,
                              the shine.
That tear it from its own roots.
                          roots
with mirages
and dissociations
                  from reality,
                          humanity
and all logic.

Because to love one's neighbor, and even to love oneself,
is to respect its origins.

America,
will rise again
          and not because of a paper ego god.

If God exists,
it is in the hand that is given
                          to a fallen one, to a brother.
To an unprotected child
born in his land.
Not in that vain and blind faith
in any oppressive leader.
with a mouth bigger
than heart.

America,
I love so much, even

                    even the children of others.
That I nestled them without thinking that they would cut her throat.
And leave her lying, there,
                              bleeding to death.
While they trample on her soul, there,
                                        dancing
bite the hand that fed them.

Only each one has the power
To see his mother, in her eyes.
and see himself,
encouraging us to be what we are
in the full extent of the word,
Immigrants.

Latin American immigrants,
heroes of our own America.

Against all,
and against all those who humiliate it.
Who are they?

The majority?
No. They are no one,
to speak without experience.

Our Latin American experience
no one will tear them out of their veins.

What about us?
We only have to worry about who we are
for ourselves.

We are no small thing.

Delete that brainwashing.
We are the majority, the foundation
of America in so many ways.

And yes,

we are the first children.
If they don't see it, it doesn't matter.
We do.
		Let's see it, let's be it!

Our identity
depends only on us.

We are crossing borders,
you and me, us
creating brotherhood,
unity of our peoples in this our home
America, our Mother.

**Somos
los que hacen grande** a América

Poco a poco,
brazo a brazo,
hombro a hombro.

Somos
en los que se apoyan las bases este país,
que tiene el honor de tenernos.

Somos
los obreros de construcción
los trabajadores del campo,
Los cocineros y meseros,
los operarios de limpieza,
los maestros de tus hijos.
Los que sirven a América cada día.

También
abogados, enfermeras,
y muchos más,
aunque nos cueste el doble, triple
o cien veces.

Con devoción
estamos aquí por un futuro mejor
con menos inseguridad
y por más estabilidad
para nuestras familias.

No somos sólo mano de obra.
Somos
nuestra pasión,
nuestros valores,
nuestro trabajo duro,
nuestra música,
nuestro humor,
nuestra sazón,
nuestra inventiva.

Somos inyección de vida.

Somos nuestro aporte de corazón.

Somos inmigrantes,
¡Sí, y a mucha honra !

Estamos orgullosos de serlo.
Somos historias de superación andantes.
Somos libros de vida.

En vez de oponerse a nosotros.
Empápense de nosotros
y trabajen par a par
mirándonos por encima del hombro,
a los ojos.

Porque todos somos humanos.
Porque compartimos la tierra,
Porque lo que todos queremos es

¡Reconocer a la verdadera América!
¡Limpiar de sus prejuicios a América!
¡Luchar por el bien verdadero de América!

¡Educar a América !
¡Levantar a América!
¡Elevar a América!

Ella se refleja en nosotros.
Su sangre multicolor fluye
en nuestra voz, nuestros dialectos.

Ella está viva, cambia, transiciona.
Se cae y se levanta,
como nosotros.

Y hemos sido los inmigrantes
Quiénes han estado allí para ella,

Y somos y seremos su pulmón,
como nunca.
Y su propio corazón,
como y hasta más que siempre.

Llevemosla a evolucionar su riqueza
multicultural.

A sacar más de lo bueno que tiene.
A un florecimiento en inclusión,
superación, diversidad y hermandad.

A volar alto, como siempre la soñamos.
Con su centro, sur y norte.

No nos mentirán más.
Porque sabemos nuestro valor.
Somos la columna vertebral de este país.

La huella de desprecio que quisieron sembrar en nosotros,
la convertiremos en nuestro escudo de resiliencia.
Porque resurgimos
como un ave en llamas desde sus cenizas.
Lo hemos hecho una y mil veces ya.

Como cual mariposa monarca de fuego,
que soberana viaja
y es tan inmigrante como nosotros.

**We are
those who make America great**

Little by little,
arm in arm,
shoulder to shoulder.

We are
on which the grassroots of this country rely,
and has the honor of having us.

We are
the construction workers,
the field workers,
the cleaners,
the ones who serve you food,
the teachers of your children.
The ones who serve America every day.

Also lawyers, nurses,
and many more,
even if it costs us double, triple
or a hundred times more than others.

With devotion
we are here for a better future
with less insecurity
and for more stability
for our family.

We are not just labor,
We are
our passion,
our values,
our hard work,
our music,
our humor,
our seasoning,
our inventiveness.
We are an injection of life.

We are immigrants,
Yes, and with great honor!

We are proud to be so.
We are walking stories of perseverance.
We are books of life.

Instead of opposing us.
Learn with us
and work peer to peer
looking us over our shoulder,
in our eyes.

Because we are all human.
Because we share the earth.
Because what we all want is

To recognize the real America!
To cleanse America of its prejudices!
To Fight for the true good for America!

Educate America!
Uplift America!

She is reflected in us.
Her multicolored blood flows
in our voice, our dialects.

She is alive, she changes, she transitions.
She falls and rises,
as we do.

And it has been the immigrants
Who have been there for her,

And we are and will be her lung,
as never before.
And his own heart,
as and even more than ever.

Let's take it to evolve her multicultural
richness.

To bring out more of the good in her.
To a flourishing in inclusion,
diversity and brotherhood.

To fly high, as we always dreamed it
As was her true American dream.
With its center, south and north.

We will no longer be lied to.
Because we know our value.
We are the backbone of this country.

The trace of contempt that they wanted to sow in us,
we will turn it into our shield of resilience.
Because we resurge
like a bird in flames from its ashes.
We have done it a thousand times already.

Like a monarch butterfly of fire,
that sovereign travels
and is as much an immigrant as we are.

Nuestra verdadera identidad
Our true identity

I

Latinidad, Americanidad
Por Áurea María Altamirano Cuaresma

¡No, a nosotros no nos quitarán nuestra historia
aunque sacasen los estudios étnicos de la currícula,
como tanto nos amenazan!

Nuestra latinidad, nuestra americanidad,
la verdadera, va más allá.
No viene del español o de un español,
viene de la misma naturaleza.
De nuestra madre, *Pachamama* y de nuestro padre, Sol.
De nuestro quechua, aymara, shipibo-konibo,
nahuatl, mixteco, otomi, zapoteco,
maya k'iche, ixil, itza',
mapudungun, y tantos más.

La riqueza está en nosotros.

Enraizada en nuestra alma y voz;
en nuestra música,
en la mesa de cada una de nuestras familias,
y no sólo en nuestras comidas compartidas
Está en las historias del abuelo,
los bailables de las niñas de la comunidad,
las bromas de los tíos.

Aquí, allá, o en la conchinchina ...

Nuestros niños no vivirán borrados,
con la identidad incompleta o mal contada.
No ya no.
Y más en n u e s t r a América.
Porque aquí estamos los meros americanos,

¡Hablando ahora!

Ya no más.
Porque estamos nosotros aquí frente a ti,
y al mundo.
Maduramos, confrontamos, decidimos,
rendirnos a la lucha, y luchar
haciéndonos vulnerables con temple,
resurgiéndo.

Como herencia,
permirtinos
ser los recolectores de conocimiento,
el puente entre el pasado y el presente.
Los millennials
que aún pudimos experimentar
correr en medio de las huacas recién encontradas,
jugar con tierra, piedra, y trompo andino,
cocinar comida de pueblo con nuestras madres,
dibujar a mano, cada mapa, vasija ceremonial
héroe indígena o criollo,
para nuestra tarea escolar..

Que con lápiz o teclado en mano,
grabadora o videocámara,
tenemos el mando ahora,
para rescatar a nuestra generación de cristal,
que de tanto sentir,
ya a veces no sienten nada,
y para liberarnos a nosotros mismos
de la condena de nuestra cadena de trauma
Transgeneracional.

Tenemos la llave de la Latinoamericanidad.
Más américanos que nunca.

Glosario
Wak'as: (Quechua) Elementos naturales como montañas, ríos,
o rocas, o construcciones hechas por el hombre, como templos,

tumbas, o incluso objetos como cerámicas o esculturas. Las huacas eran consideradas moradas de espíritus ancestrales o deidades, y lugares de veneración y rituales.

Conchinchina: donde sea, en cualquier punto lejano, del planeta.

I

Latinidad, Americanidad
By Áurea María Altamirano Cuaresma

No, they won't take away our history
even if they remove ethnic studies from the curriculum,
as they so often threaten!

Our Latinidad, our Americanidad,
the true one, goes deeper.
It doesn't come from Spanish or from a Spaniard,
it comes from nature itself.
From our mother, Pachamama, and our father, Sol.
From our Quechua, Aymara, Shipibo-Konibo,
Náhuatl, Mixtec, Otomi, Zapotec,
Maya, Ixil, Itza,
Mapudungun, and so many more.

The richness is within us.

Rooted in our soul and voice;
In our music,
at the table of each of our families,
and not just in our shared meals.
It's in grandfather's stories,
the dances of the girls in the community,
the jokes of our uncles.

Here, there, or in the depths of the earth...

Our children will not live erased,
with their identities incomplete or poorly told.
No, not anymore.
And especially not in our America.
Because here we are, the true Americans,
Speaking now!

No longer.
Because we are here before you,

and the world.

We mature, confront, decide,
surrender to the struggle, and fight,
making ourselves vulnerable with courage,
rising again.

As a legacy,
let us
be the collectors of knowledge,
the bridge between the past and the present.
We millennials
who were still able to experience
running amidst the newly discovered *wak'as*,
playing with dirt, stones, and Andean spinning tops,
cooking village food with our mothers,
drawing by hand each map, ceremonial vessel,
indigenous or *héroe criollo*,
for our schoolwork…

With pencil or keyboard in hand,
recorder or video camera,
we are now in control,
to rescue our crystal generation,
who from feeling so much,
sometimes feel nothing anymore,
and to free ourselves
from the condemnation of our chain of transgenerational trauma.

We hold the key to Latin Americanness.
More American than ever.

Glossary
*Wak'as: (Quechua) Natural elements such as mountains, rivers,
or rocks, or man-made structures such as temples, tombs, or even
objects such as ceramics or sculptures. Huacas were considered
the dwelling places of ancestral spirits or deities, and places of
worship and rituals.*

Cochinchina: anywhere, at any remote point on the planet.

II

Despertar
> *Por Áurea María Altamirano Cuaresma*

También y más nosotros salimos rasguñados,
trastornados, por tanto y todo.
Con tantas atrocidades que no sólo ya se dicen,
de boca para afuera,
peor las hacen algunos ignorantes líderes,
Líderes de qué, de la destrucción y el genocidio?
Como si eso sería algo digno de estar orgulloso.

Es tanto, que dan hasta tanta pero tanta vergüenza ajena,
y tanto pero tanto coraje.
Viéndonos más que caricariturizados,
deshumanizados; alienados, mutilados de humanidad,
cuando los menos que humanos, son ellos.
Discriminación tan obvia que se normalizó
cual pan de cada día.

Y que si así aumentan a mil el limón en la llaga,
y la leña al fuego
de esta historia irónica.
Que esa mirada láser que pretende destruirnos
nos vislumbre tanto.
Que nos toque el mero nervio
        guerrero.

Que nos haga despertar del trance
del hechizo que empezó con Atahualpa y Moctezuma.

        Y c a t a b u m...

Y por fin, derribar murallas desde los adentros,
sacándonos las legañas de sangre de las pestañas,
de tanto prejuicio, basura mental que embarraba nuestra visión
de luz,
y traiga la magia bondadosa y sabía.
La de las wak'as, la de los Incas, la de los Mayas, los Aztecas.

Estamos comenzando a mirar hacía el futuro
con otros ojos.
Por fin los nuestros.
Por fin, sin olvidar nuestro pasado.
y a nuestros ancestros.

¡Mi pueblo se está levantando !
de un mal sueño
donde estuvo de rehén.

¡Ahora es el momento de la verdad!

II

Awakening
      By Áurea María Altamirano Cuaresma

We too, and even more so, are left scratched,
distraught, for all this and everything.
With so many atrocities that are not only already being talked
about,
just lip service,
some ignorant leaders are even worse.
Leaders of what, of destruction and genocide?
As if that were something worth being proud of.

It's so much, that they even cause so much shame,
and so much anger.
Seeing ourselves more than caricatured,
dehumanized; alienated, mutilated of humanity,
when they are the ones who are less than human.
Discrimination so obvious that it has become normalized
like daily bread.

And if this increases the lemon on the wound by a thousand,
and the fuel on the fire
of this ironic story.
May that laser-like gaze that seeks to destroy us
glimpse us so much.
May it touch our very warrior nerve.

May it awaken us from the trance
of the spell that began with Atahualpa and Moctezuma.

And boom...

And finally, tear down walls from within,
wiping away the bloody sleep from our eyelashes,
from so much prejudice, from the mental garbage that clouded our
vision
of light,
and bring in the kind and wise magic.

That of the wak'as, that of the Incas, that of the Mayans, the Aztecs.

We are beginning to look to the future
with different eyes.
Finally, our own.
Finally, without forgetting our past
and our ancestors.

My people are rising!
from a bad dream
where they were held hostage.

Now is the moment of truth!

III

Unidad
Por Áurea María Altamirano Cuaresma

El dolor también es placentero.
Y nos mece y mece.
Seduce.
Encandilados por la alienación
la dejamos escurrirse por en nuestras propias venas.
Cuántas veces habremos despreciado a nuestra raza.
Maldicho nuestra lengua original.

Como un cáncer social, nos carcomió, nos invadió,
no sólo las tierras, sino el espíritu.

Quedamos tan enfermos, pasivos, rotos,
espectadores de nuestro propio ocaso, caída y destrucción.
Pasándole más y más armas a nuestro opresor.
Quién dijo que Dios dijo pon la otra mejilla
al mero demonio.
No eso no dijo Dios.
Eso es lo que nos han hecho creer
los que no soportan el brillo de nuestra belleza.

Pero
la gran soberana cachetada de la vida está aquí,
la irrefutable,
la consecuencial,
la parteaguas,
la del hundimiento u oportunidad
la de vida o muerte.

La inacción no es verdadera comodidad.
Te pudre por dentro.
Un cuchillo de doble filo sedienta de tomar tu vida,
y hacerla añicos.
La triste factura de la desidia.

Y el corte ha sido tan profundo,

que hemos soltado la mano de nuestros hermanos.

La falta de cohesión de nuestros pueblos
nos está cobrando salir de nuestras propias tierras
por segunda, tercera, cuarta o quinta vez, o más.

Salir de la negación de nuestro propio valor.
Empinarnos ante el desprecio de otros,
valentía de la buena, oro líquido del Sol.
Retarse a uno mismo, en vulnerable coraje.

¡Saca la garra ahora!
Ocelote, corazón de jaguar,
cóndor andino,
águila dorada, serpiente emplumada.

¡Somos sólo uno !

III

Unity

By Áurea María Altamirano Cuaresma

Pain is also pleasurable.
And it rocks us and rocks us.
It seduces.
Dazzled by alienation,
we let it seep into our very veins.
How many times have we scorned our race?
Our original language has been cursed.

Like a social cancer, it ate away at us, invaded us,
not only our lands, but our spirits.

We were left so sick, passive, broken,
spectators of our own decline, fall, and destruction.
Passing more and more weapons to our oppressor.
Who said God said turn the other cheek
to the mere devil?
No, God didn't say that.
That's what those who can't stand the brilliance of our beauty have
led us to believe.

But
the great sovereign slap of life is here,
the irrefutable,
the consequential,
the turning point,
the one of collapse or opportunity,
the one of life or death.

Inaction is not true comfort.
It rots you from within.
A double-edged knife thirsty to take your life,
and shatter it.
The sad bill of apathy.

And the cut has been so deep,
that we have let go of the hand of our brothers.

The lack of cohesion of our peoples
is forcing us to leave our own lands
for the second, third, fourth, or fifth time, or more.

To escape the denial of our own worth.
To rise up in the face of the contempt of others,
good courage, liquid gold of the Sun.
To challenge oneself, in vulnerable courage.

Put out your claws now!
Ocelot, jaguar heart,
Andean condor,
golden eagle, feathered serpent.

We are one!

IV

Somos América y sin fronteras, sin límites
Por Áurea María Altamirano Cuaresma

Con la vista al futuro,
Siempre recordando nuestro pasado,
las enseñanzas de nuestros ancestros,
nos hemos caído y levantado un millón de veces.

Pero está vez
nos están pisando sin pudor y con zaña,
el mero poncho,
nuestro hermoso huipil bordado,
nuestra pollera confeccionada a mano.

A todos los latinos,
y no sólo a nosotros,
sino a todos los inmigrantes,
y más allá,
a su propia gente,
hasta a los mismos afroamericanos
y a muchos, que dizque, estadounidenses puros.

¿Crees tú que la religión les importa?
¿De veras, eres o te haces ?
O más bien te han hecho hacerte
el muerto ya.
Espero más de un agnóstico
que de cuerpos huecos sin corazón.

Ya no tenemos que seguir pagando
una deuda que no es nuestra.

Nos han dado ya en el mero centro del corazón,
en nuestras mujeres y niños inocentes.
Flores de cempasúchil, alma de colibriés,

Y hay que explotar, sí,
pero con sabiduría.

Mirándole a los ojos de frente,
al toro y sin más temor,
tomarle de los cuernos,
y recordarle cuál es el suelo que pisa,
y quién lo alimenta cada día.
Qué somos más grandes,
sin odio, sin hitlerismo,
Sólo dando lo mejor de nosotros,
Y resistiendo,
y reclamando,
lo que nos hemos ganado con el sudor de nuestra frente,
y nuestra herencia de estas tierras.

-

¡Y somos inmigrantes, y no.!
Porque
Somos originarios.
Somos de aquí.
Estamos aquí.
Y es imperativamente trascendental decirlo fuerte,
a todo pulmón.
¡Ahora!

Y si nosotros les abrimos las puertas a todos.
A nosotros, ya no nos cerrarán esas mismas puertas en nuestra cara.
¡Qué carajos se han creído!, ¡Acaso, dioses !

No, no somos esa poquita cosa, como nos llaman.
Pero, ese es sí es su reflejo.

Nosotros sabemos quiénes somos y de dónde venimos.
Venimos de América.
Somos América.

Nuestros sueños tienen vida propia,
Y no son ni sueños, son realidad.

Somos América y sin fronteras ya.

Sólo así no se olvidará quiénes somos.
Somos muchos, y únicos a la vez.

Mexicanos, peruanos, chilenos, salvadoreños,
ecuatorianos, colombianos, panameños,
guatemaltecos, hondureños, nicaragüenses,
venezolanos, dominicanos, cubanos, costarricenses,
bolivianos, puertorriqueños, haitianos,
argentinos, uruguayos, paraguayos, y más,
con muchas tradiciones diferentes
y nos ponen a todos en un saco.

Pero somos muchos
y una sola fuerza también.
Somos latinos.

Somos el pasado y el futuro.
Una mezcla de *nepantla* y de todas partes.
Vivimos entre dos mundos paralelos,
Y la búsqueda de nuestra identidad
es nuestra cruz y nuestro tesoro.

Somos polvo de estrellas,
sueño del universo,
Somos América.

Glossary
Nepantla: (Nahuatl) To live between two worlds, with a divided soul.
Huipil: is a traditional, loose-fitting tunic, often sleeveless or with cap sleeves, worn by indigenous women in Mexico and Central America.
Pollera: Pleated skirt, often associated with indigenous and mestizo women, and considered a symbol of cultural identity in Peru and South America.

IV

We are America and without borders, without limits
By Áurea María Altamirano Cuaresma

With an eye to the future,
Always remembering our past,
the teachings of our ancestors,
we have fallen and gotten up a million times.

But this time
they are trampling on us shamelessly and with cruelty,
our mere poncho,
our beautiful embroidered *huipil*,
our handmade *pollera*.

To all Latinos,
and not just us,
but to all immigrants,
and beyond,
to their own people,
even to African Americans
and to many, who are supposedly pure Americans.

Do you think religion matters to them?
Really, are you or are you pretending?
Or rather, have they made you play dead already.
I expect more from an agnostic
than from hollow bodies without a heart.

We no longer have to continue paying
a debt that is not ours.

They have already hit us in the very center of our hearts,
in our innocent women and children.
Marigold flowers, soul of hummingbirds,

And we must exploit them, yes,
but with wisdom.

Looking the bull in the eye,
and without further fear,
grabbing it by the horns,
and reminding it of the ground it treads on,
and who feeds it every day.
That we are greater,
without hatred, without Hitlerism,
Only by giving the best of ourselves,
And resisting,
and reclaiming,
what we have earned with the sweat of our brow,
and our inheritance from these lands.

And we are immigrants, and no!
Because
We are natives.
We are from here.
We are here.
And it is imperatively transcendental to say it loudly,
at the top of our lungs.
Now!

And if we open the doors to everyone,
they won't close those same doors in our faces anymore.
What the hell do they think they are? Perhaps, gods!

No, we are not that little thing they call us.
But that is their reflection.

We know who we are and where we come from.
We come from America.
We are America.

Our dreams have a life of their own,
And they aren't even dreams, they are reality.
We are America, and without borders now.

Only then will we not forget who we are.

We are many, and unique at the same time.

Mexicans, Peruvians, Chileans, Salvadorans,
Ecuadorians, Colombians, Panamanians,
Guatemalans, Hondurans, Nicaraguans,
Venezuelans, Dominicans, Cubans, Costa Ricans,
Bolivians, Puerto Ricans, Haitians,
Argentines, Uruguayans, Paraguayans, and more,
with many different traditions
and they put us all in one bag.

But we are many
and one force too.
We are Latinos.

We are the past and the future.
A mixture of Nepantla and everywhere else.
We live between two parallel worlds,
And the search for our identity
is our cross and our treasure.

We are stardust,
the dream of the universe,
We are America.

Glossary
*Nepantla: (Nahuatl) To live between two worlds, with a divided
soul.*
*Huipil : is a traditional, loose-fitting tunic, often sleeveless or with
cap sleeves, worn by indigenous women in Mexico and Central
America.*
*Pollera: Pleated skirt, often associated with indigenous and mes-
tizo women, and considered a symbol of cultural identity in Perú
and South America.*

Áurea María Altamirano Cuaresma nació en Lima, Perú. Estudió Lengua y Literatura los primeros años, pero acabó licenciándose en Desarrollo Infantil por la Universidad Nacional Federico Villarreal de Perú. Al mismo tiempo, trabajó como maestra en varios centros preescolares de Lima. Emigró a Estados Unidos en 2008 para trabajar como au pair y continuar sus estudios. Actualmente trabaja en BAHIA, un programa extraescolar bilingüe en Berkeley, enseña Español en la Escuela de Idiomas Centro Latino y también da clases particulares en Berkeley y en otras partes del Área de la Bahía, en California.

Publicó poemas en Berkeley Times, Annual Poetry Edition en 2018, 2019, 2021, 2022, 2023 y 2024, y sus pinturas, dibujos y fotografías en Berkeley City College Milvia Street Journal en 2016, 2017, 2018 y 2019. Creó altares para el Festival del Día de los Muertos de Oakland en 2016, 2017, 2018, 2018, 2019 y 2021. Tuvo algunas exposiciones colectivas bilingües; Perú, su Historia y su Gente en 2018 y 2017, y Mujeres, en la Galería El Comal de Vallejo, en 2016. También tuvo una exposición individual bilingüe dedicada al Día de la Madre Latina, en Centro Latino Language School en Berkeley, en 2019.

En 2015, creó *GALA, The Club de Artes Latinoamericanas* en Berkeley City College, para crear un espacio para las voces latinas en la escritura de poesía bilingüe y para mostrar su trabajo artístico. Posteriormente, organizó y recitó en *The Poetry at the Altar and Open Mic Event*, patrocinado por GALA Club, 2016 en Berkeley City College y también organizó la exhibición de arte grupal, *Las artes Latinoamericanas,* en 2017 y el evento *The Latino Art Show*, 2018.

Recientemente, publicó su primer libro, Mariposa de Fuego: Un Viaje al Empoderamiento, en inglés en julio de 2024 y su versión en español, Mariposa de Fuego: Un camino al Empoderamiento, en diciembre de 2024.

Sitio web: Aureamaria.com
Instagram: Aurea484
Facebook: AureaMaria Altamirano
Correo: aurea.altamiranoc@gmail.com

Áurea es maestra de corazón, madre, hija, escritora, artista visual y una eterna estudiosa de la vida.

Contacto para el libro / Grupo
America Sin Fronteras
Correo: americasinfronteras25@gmail.com

Áurea María Altamirano Cuaresma was born in Lima, Peru. She studied Language and Literature for the first few years but eventually graduated with a degree in Child Development from the Universidad Nacional Federico Villarreal in Peru. At the same time, she worked as a teacher in several preschools in Lima. She emigrated to the U.S.A. in 2008 to work as an au pair and continue her studies. She currently works at BAHIA, a bilingual after-school program in Berkeley, teaches Spanish at Centro Latino Language School, and also teaches private classes around Berkeley and other parts of the Bay Area, in California.

She published poems in the Berkeley Times, Annual Poetry Edition in 2018, 2019, 2021, 2022, 2023, and 2024, and her paintings, drawings, and photographs in Berkeley City College's Milvia Street Journal in 2016, 2017, 2018, and 2019. He created altars for the Oakland Day of the Dead Festival in 2016, 2017, 2018, 2018, 2019, and 2021. She had a few bilingual group exhibitions; Peru, its History and People in 2018 and 2017, and Women, at El Comal Gallery in Vallejo, in 216. She also had a bilingual solo exhibition dedicated to Latino Mother's Day, at Centro Latino Language School in Berkeley, in 2019.

In 2015, she created GALA, The Latin American Arts Club at Berkeley City College, to create a space for Latino voices in bilingual poetry writing and to showcase her artwork. Subsequently, she organized and recited at The Poetry at the Altar and Open Mic Event, sponsored by GALA Club, 2016 at Berkeley City College and also organized the group art show, Las artes Latinoamericanas, in 2017 and The Latino Art Show event, 2018.

Most recently, she published her first book, Mariposa de Fuego: A Journey to Empowerment, in English in July 2024 and its Spanish version, Mariposa de Fuego: Un camino al Empoderamiento, in December 2024.

Website: Aureamaria.com
Instagram: Aurea484
Facebook: AureaMaria Altamirano
Email: aurea.altamiranoc@gmail.com

Áurea is a teacher at heart, a mother, a daughter, a writer, a visual artist and an eternal student of life.

Contact for the book / Group
America Sin Fronteras
Email: americasinfronteras25@gmail.com

Publishers Note

Daxson publishing was created to help marginalized artists and their allies publish their work, so the world can hear their voice. The vision for this publishing house is to help people get their work out there, and not have them struggle finding their way through the publishing process. Everyone's voice deserves to be heard, and we are here to help. If you are interested in submitting a manuscript, email daxsonpublishing@gmail.com. Support our cause by buying books from daxsonpublighing.com.